ESTUDIO BÍBLICO CATÓLICO DE LIBROS LIGUORI

Introducción
a la Biblia

VISIÓN GENERAL,
CONTEXTO HISTÓRICO Y CULTURAL

P. WILLIAM A. ANDERSON, MDIN, PHD

LIBROS
LIGUORI

Imprimi Potest:
Harry Grile, CSsR, Provincial
Provincia de Denver, los Redentoristas

Imprimatur:
Impreso con Permiso Eclesiástico y aprobado para uso educativo privado.

Nihil Obstat: Reverendo Mons. Kevin Quirk, JCD, JV
Censor Librorum

Imprimatur: + Michael J. Bransfield
Obispo de Wheeling-Charleston [West Virginia]
4 de junio de 2013

Publicado por Libros Liguori, Liguori, Missouri 63057
Pedidos al 800-325-9521 o visite liguori.org

Library of Congress Cataloging-in-Publication Data

Anderson, William Angor, 1937-
[Introduction to the Bible. Spanish]
Introducción a la Biblia : presentación general, contexto histórico y aspectos culturales / por el Dr. William A. Anderson, D MIN. — Primera edición.
v. cm.
1. Bible—Introductions. I. Title.
BS475.3.A5418 2013
220.6'1—dc23

2012047667

p ISBN: 978-0-7648-2357-2
e ISBN: 978-0-7648-6835-1

Los textos de la Escritura que aparecen en este libro han sido tomados de *La Biblia de Nuestro Pueblo* © 2007, *Ediciones Mensajero*. Usada con permiso. Todos los derechos reservados.

Libros Liguori, una organización sin fines de lucro, es un apostolado de los Padres y Hermanos Redentoristas. Para más información, visite Redemptorists.com

Impreso en los Estados Unidos de América
22 21 20 19 18 / 5 4 3 2
Primera edición

Diseño de la portada: Pam Hummelsheim
Imágen de la portada : Scala / Art Resource, NY

Índice

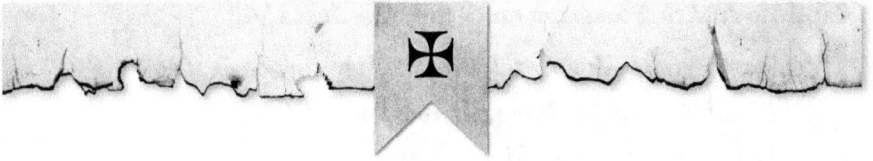

El autor

El Dr. William A. Anderson, DMin PhD, es sacerdote de la diócesis de Wheeling-Charleston, Virginia del Oeste, director de retiros y misiones parroquiales, profesor, catequista y director espiritual. También fue párroco. Ha escrito numerosas obras sobre pastoral, temas espirituales y religiosos.

El P. Anderson obtuvo el doctorado en Ministerio por la Universidad y Seminario de Santa María de Baltimore y el doctorado en Teología Sagrada por la Universidad Duquesne de Pittsburgh.

LAUDATIO

Este utilísimo trabajo catequístico, *Introducción a la Biblia*, ofrece una excelente y muy accesible introducción al estudio de la Sagrada Escritura. Con la explicación e introducción a la *lectio divina*, el lector descubrirá que orar con la Escritura constituye una importante práctica espiritual. Estoy seguro de que este texto resultará muy útil para los jóvenes y adultos que desean aprender lo que nos enseña la Sagrada Escritura y la historia de la salvación, así como el contexto cultural e histórico de los libros de la Biblia.

REVERENDÍSIMO MICHAEL J. BRANSFIELD,
OBISPO DE WHEELING-CHARLESTON

Agradecimiento

Los estudios bíblicos y las reflexiones que contiene este libro son fruto de la ayuda de muchos que leyeron el primer borrador e hicieron sugerencias. Estoy especialmente en deuda con la Hermana Anne Francis Bartus, CSJ, DMin, cuya vasta experiencia y conocimiento fueron muy útiles para llevar esta colección a su forma final.

La serie de libros que componen la colección del Estudio Bíblico de libros Liguori está dedicada entrañablemente a la memoria de mis padres, Kathleen y Angor Anderson, en agradecimiento por todo lo que compartieron con quienes los conocieron, especialmente con mis hermanos y conmigo.

Introducción al
Estudio Bíblico de libros Liguori

La lectura de la Biblia puede resultar a veces un tanto abrumadora. Se trata de un libro complejo ante el cual muchas personas de buena voluntad han terminado confundidas. Disponer de un texto de consulta es muy útil y el Estudio Bíblico de libros Liguori puede resultar una base sólida para este propósito. En esta colección de doce libros irán apareciendo mensajes y temas, personajes y hechos.

A lo largo de los siglos muchos creyentes se han preguntado: "¿Dónde está Dios ahora?" Hoy los creyentes se hacen la misma pregunta y millones de católicos vuelven sus ojos a la Biblia para encontrar aliento en su camino de fe. La sabiduría nos enseña a no emprender este camino solos, separados de la Iglesia, que es quien ha recibido la Sagrada Escritura como un don que debe conservarse y compartir. Cuando la usamos como fuente para la oración y reflexión profunda, la Biblia cobra vida.

El objetivo de este estudio bíblico dictará el método a emplear para leer la Biblia. Uno de los objetivos del Estudio Bíblico de libros Liguori es ofrecer una mayor familiaridad con la Biblia y su estructura, sus temas, sus distintos personajes y su mensaje. Pero eso no basta. Un objetivo adicional es ayudarte a conocer a Cristo más profundamente mediante el ejercicio de la oración con la Biblia. El mensaje de Dios es tan directo y apremiante hoy como lo ha sido a lo largo de los siglos; pero nosotros solo podemos obtener parte de ese mensaje si queda arraigado y firme en nuestras mentes. Dios habla a toda la persona, a su cuerpo, a su corazón y a su alma. Fuimos bautizados en la luz de Cristo y estamos llamados a vivir con Él. Esto se realiza cuando practicamos la justicia y la paz, el perdón y la comunión con los demás. La Nueva Alianza de Dios fue escrita en los corazones del pueblo de Israel; nosotros, sus descendientes espirituales, somos amados hoy por Dios tan íntimamente como ellos. El Estudio Bíblico de libros Liguori es una manera de acercarnos a Dios a cuya imagen y semejanza fuimos creados.

Estudio personal y en grupo

El Estudio Bíblico de Libros Liguori está pensado para el estudio y la oración en grupo, y también para el estudio y la oración personal. Cada lección contiene una primera parte para que los distintos grupos puedan estudiar, reflexionar, orar y compartir reflexiones bíblicas. Empleando los textos contenidos en esta colección, todos podrán unirse o incluso iniciar un grupo de estudio. Comenzar con dos o tres personas reunidas en una casa o anunciar las sesiones de estudio bíblico que se tendrán en una parroquia o en una comunidad puede aportar resultados sorprendentes. También se incluye en cada lección una segunda parte para que quienes deseen seguir estudiando individualmente puedan hacerlo. Muchos quieren aprender más sobre la Biblia pero no saben por dónde empezar. Esta colección ofrece un punto de arranque en esta labor y asegura su continuidad hasta que los participantes hayan adquirido más familiaridad con los libros de la Biblia.

Leer la Biblia tiene como finalidad profundizar en la relación personal con Dios; por ello el estudio de la Biblia se convertirá en un proyecto para toda la vida; proyecto siempre enriquecedor para aquellos que desean ser fieles a la Palabra de Dios. Una vez que se ha leído, entendido y enriquecido el estudio de toda la Biblia, se puede volver a leer la Biblia nuevamente desde el principio; llegaremos así a nuevos descubrimientos, adquiriendo un conocimiento más profundo de la Palabra de Dios.

La palabra viva de Dios

Mientras miles de personas de toda nación se apretujaban en la plaza de san Pedro cuando el Papa Juan Pablo II estaba agonizando, los más cercanos a él estaban reunidos en torno a su lecho. Cuentan que fue consciente hasta el final y que una de sus últimas peticiones fue: "Léanme la Biblia". Juan Pablo II enfrentó muchos retos en su vida; sin embargo, su fe se cimienta en las palabras de la Biblia, y allí encontró fortaleza.

A lo largo de la historia, la Iglesia ha puesto énfasis en la importancia de familiarizarnos con la Biblia. En tiempos recientes, se ha hecho evidente un interés por leer la Sagrada Escritura, en grupos reunidos en parroquias o en comunidades vecinales. En la última mitad del siglo XX, los Papas han apoyado y promovido su lectura, dando ejemplo de la importancia de la Biblia en sus vidas.

En 2008, el Papa Benedicto XVI invitó a un grupo de obispos a Roma a comentar la Biblia. Dicha reunión se conoce como Sínodo y se compone de obispos representantes de todo el mundo. La principal preocupación del Papa era el reto de animar a más católicos a leer la Biblia. Indicó a los miembros del Sínodo la necesidad de enfatizar el acto de leer, interpretar y vivir la Palabra de la Escritura como algo fundamental para la fe de los cristianos. El Papa afirmó que la Biblia no puede ser entendida como un mensaje del pasado, sino que debe leerse como la Palabra viva de Dios y como un reto para la gente de hoy. Afirmó que es esencial para cada cristiano desarrollar una relación personal con la Palabra de Dios.

Benedicto XVI recordó que la Biblia debe verse en su totalidad como Palabra viva de Dios. Esta colección abordará el Antiguo y Nuevo Testamentos en su totalidad, consciente de que el significado pleno de la Palabra de Dios puede obtenerse solamente a través de un entendimiento de los libros en su totalidad y de cómo se relacionan entre sí. El Papa añadió que la Biblia pertenece a todas las personas y no solo a los estudiosos. Esta colección afronta el estudio de la Biblia como una aventura espiritual, una aventura que se propone presentar los textos bíblicos de forma que se puedan leer y entender fácilmente y que, a la vez, promueva una relación respetuosa con la Biblia como palabra viva e inspiradora de Dios.

Una de las principales convicciones de Benedicto XVI es que el Nuevo Testamento ofrece una clave para entender el Antiguo Testamento y que, como un todo, la Biblia necesariamente nos lleva a Cristo.

Lectio divina
(lectura sagrada)

El Estudio Bíblico no consiste únicamente en adquirir conocimientos intelectuales de la Biblia; también tiene que ver con adquirir una mayor comprensión del amor de Dios y una mayor preocupación por la Creación. El fin de leer y conocer la Biblia es enriquecer nuestra relación con Dios. Dios nos ama y nos dio la Biblia para enseñarnos ese amor. En su discurso de 12 de abril de 2013 ante la Pontificia Comisión Bíblica, el Papa Francisco subrayó que "la vida y misión de la Iglesia se fundan en la Palabra de Dios que es el alma de la teología y al mismo tiempo inspira toda la vida cristiana".

El significado de la lectio divina

Lectio divina es una expresión latina que significa lectura divina o sagrada. Muchos religiosos, clérigos y laicos realizan una lectura espiritual diaria, que tiene como objetivo desarrollar una relación más cercana y amorosa con Dios. La *lectio divina* consiste en la lectura de la Escritura, la reflexión y la oración. No es solo un momento para la lectura sagrada, sino también para la reflexión sagrada, la oración. Conocer mejor la Biblia tiene como fin vivir el mensaje de la Buena Nueva, lo que implica un tiempo de reflexión sobre el pasaje bíblico. El presente libro ofrece ayudas para esos momentos de reflexión.

El papel de la oración en la lectio divina

La oración es un elemento necesario para la práctica de la *lectio divina*. El proceso entero de leer y de reflexionar constituye una oración. No es una mera búsqueda intelectual sino una búsqueda espiritual. Los siguientes capítulos incluyen oraciones que pueden usarse en privado o en grupo. Algunos lectores, quizá, puedan beneficiarse llevando una serie de anotaciones diarias de cada una de sus meditaciones sobre la Biblia.

Reflexionar la Palabra de Dios

La *lectio divina* es la práctica espiritual cristiana de leer la Sagrada Escritura con interés y devoción. Esta práctica ayuda a los cristianos a concentrarse y a descender al nivel del corazón para entrar en un espacio tranquilo de encuentro con Dios.

Esta lectura sagrada es diferente de otros tipos de lectura dirigidos a obtener conocimiento o información. Es más, la *lectio divina* no es solo una práctica piadosa de lectura espiritual; se trata, más bien, del ejercicio por el que nos abrimos a la acción y a la inspiración del Espíritu Santo. Mientras centramos la atención y penetramos en el significado profundo del texto sagrado que estamos leyendo, el Espíritu Santo ilumina nuestra mente y corazón. Nos acercamos a dicho texto dispuestos a ser movidos por un significado más profundo que late en el interior de las palabras y los pensamientos que reflexionamos.

En este espacio nos abrimos para ser desafiados y cambiados por el significado interno de lo que experimentamos. Nos acercamos al texto con espíritu de fe y obediencia, como un discípulo preparado para que el Espíritu Santo lo eduque. A medida que saboreamos el texto sagrado, vamos prescindiendo del modo como esperamos que Dios actúe en nuestras vidas y rendimos nuestros corazones y conciencias a la invasión de lo divino (*divina*) a través de la lectura sagrada (*lectio*).

El principio fundamental de la *lectio divina* es la comprensión del misterio profundo de la Encarnación: "La Palabra se hizo carne", no solo en la historia sino también en nosotros.

Orar con la lectio hoy

La práctica de la *lectio divina* es simple y fácil de seguir. Esta antigua tradición se compone de cuatro pasos: primero, se lee un pasaje de la Escritura. Es lo que se conoce como "*lectio*". La Palabra de Dios se lee en voz alta y los presentes escuchan atentamente.

En segundo lugar, se medita con atención el pasaje seleccionado, buscando el significado específico que brota de mi interior. La lectura en silencio facilita esa reflexión. Es lo que se conoce como "*meditatio*".

En tercer lugar, el ejercicio pasa a la acción. Se elige una palabra, una oración o una idea que brote de la consideración del pasaje elegido. ¿Ese texto nos recuerda a alguien, algún lugar o alguna experiencia? Si es así, la tenemos como objeto de la oración. Traduce tus pensamientos y reflexiones en una palabra, una frase sencilla. Es lo que se conoce como "*oratio*".

Finalmente se guarda silencio, dejando que los pensamientos, sentimientos y preocupaciones se aquieten; mientras se reflexiona el pasaje seleccionado en el paso previo ("*oratio*"); si te distraes, puedes usar la oración para volver al silencio. Es lo que se llama "*contemplatio*". La Escritura se transforma en algo que escuchamos mientras rezamos y permitimos que nuestro corazón se una íntimamente con el Señor.

Comprender el contexto de la Biblia

Cuando empleamos la Sagrada Escritura como guía de nuestra vida, hemos de entender bien qué nos dicen sus autores. Los autores y redactores tenían una finalidad específica cuando escribieron y redactaron la Sagrada Escritura. A través del estudio del trasfondo o contexto de los autores de la Biblia, su momento histórico y las situaciones políticas y religiosas en que se encontraban, podemos tener una visión más completa del significado de un texto bíblico concreto. La interpretación equivocada de textos bíblicos ha llevado a trágicos errores en el pasado y en la actualidad. La Biblia tiene a Dios como su foco central y nos permite examinar nuestras acciones y decisiones a la luz de ese foco, es decir, de Dios.

Aunque muchos lectores estarán ansiosos por comenzar con algún libro específico de la Biblia, antes necesitamos tener un panorama general de la misma, tal como se encuentra en las siguientes páginas, de modo que los libros de la Biblia se sitúen en su propio contexto. Una perspectiva general de la historia del Antiguo Testamento y de los escritos relacionados con él nos permitirá, como lectores, entender mejor cada libro, ya que los estudiaremos en el contexto de toda la Biblia. El panorama completo de la Biblia contenido en la *Introducción a la Biblia* aportará también un recurso útil para que cada grupo de estudio o cada individuo pueda profundizar en el conocimiento de los distintos libros de la Biblia.

CAPÍTULO UNO

La Biblia

I. Identificar los libros inspirados

Nazaret. Era el día de Sabbat. Jesús, como judío devoto y piadoso que acude a la celebración de cada sábado en la sinagoga, entró a adorar a Dios junto con la comunidad judía. El sacerdote le invitó a leer la Escritura del día. Jesús desenvolvió el rollo y leyó un pasaje del profeta Isaías que comenzaba con estas palabras: "El Espíritu del Señor está sobre mí" (Lc 4:18). En el Evangelio de Lucas, la misión pública de Jesús comienza con estas palabras. Después de devolver el rollo, declaró: "Hoy, en presencia de ustedes, se ha cumplido este pasaje de la Escritura" (Lc 4:21).

Queremos recordar, ahora que comenzamos nuestro estudio, que la Biblia es el mensaje inspirado por Dios. Nos referimos a los textos de la Biblia como Palabra de Dios. Si tomamos la Biblia como creyentes que estamos leyendo la Palabra de Dios, podemos decir con Jesús: "El Espíritu del Señor está sobre mí". Solamente bajo la inspiración del Espíritu Santo somos capaces de leer la Biblia con fe, virtud que es don del Espíritu Santo. Dios habla y nosotros escuchamos. Cuando permitimos que las palabras de la Biblia den forma a nuestras vidas, podemos afirmar con Jesús que ese pasaje se ha cumplido.

Una biblioteca bajo un mismo techo

Un estudiante de literatura inglesa estaba estudiando la literatura clásica del siglo XX. Compró un libro que le pidieron en clase, que contenía fragmentos de autores del siglo XX. Entre sus páginas había poemas, cuentos cortos, ensayos, artículos, biografías, extractos históricos y comentarios sobre cada autor cuya obra aparecía en el libro. Un grupo de editores había preparado de modo brillante esta obra. Cuando el estudiante vio el tamaño del libro y revisó sus contenidos dijo a sus compañeros: "Esto no es un libro. ¡Es toda una biblioteca!"

¡Bienvenido a la Biblia! Al igual que el libro de literatura mencionado, la Biblia no es solo un libro sino toda una biblioteca de textos de varios autores, provenientes de diferentes contextos y de distintos periodos de la historia.

La palabra "Biblia" lo dice todo

"Biblia" es esencialmente la descripción de los contenidos del libro. La palabra tiene su origen en el término griego *biblion,* que significa papiro, rollo o pequeño libro. La palabra griega puesta en plural "biblia" significa rollos o pequeños libros y se acerca más al nombre y contenido de la Biblia. La palabra tiene su origen en la ciudad fenicia de Biblos, cuyos habitantes cortaban el papiro en tiras que se dejaban secar y se usaban después para escribir sobre ellas.

Los libros de la Biblia se componen de historias, poesías, proverbios, profecías, himnos, cartas personales, oraciones rituales y otros escritos, redactados a lo largo de muchos siglos. Sus autores fueron ganaderos, pastores, reyes, sacerdotes, profetas, guerreros y esclavos. Algunos fueron creyentes ejemplares, mientras que otros tuvieron muchas dificultades para permanecer fieles a Dios. Igual que los editores del libro de nuestro estudiante, los editores o redactores de la Biblia agruparon los diversos textos unidos bajo un solo libro.

Autores desconocidos

Algunos autores ocultaron u omitieron su identidad. Su finalidad era transmitir un mensaje, y no darse a conocer a ellos mismos. Tradiciones posteriores identificaron ciertos manuscritos significativos de la Biblia relacionándolos con personas muy conocidas de la historia de Israel. Algunos se atribuyeron a famosos profetas, quienes pudieron haber transmitido oralmente sus palabras hasta que alguien las puso por escrito y las atribuyó al profeta que las pronunció. Otras veces la tradición atribuyó libros bíblicos a autores que no los habían escrito. Por ejemplo, muchos estudiosos de la Biblia, llamados exegetas, creyeron que Moisés escribió los primeros cinco libros de la Biblia. Sin embargo contenían algunas instrucciones para orientar la vida, una vez instalados en la Tierra Prometida lo cual solamente pudo haber sucedido después de que el pueblo de Israel se estableciera allí. Moisés pudo haber escrito algunas partes de la historia contenida en los primeros cinco libros pero muy probablemente no fue el autor del texto final.

En el Nuevo Testamento, algunos autores no se identifican, aunque una tradición posterior, correcta o incorrectamente, relacionó algunos nombres con algunos libros o cartas. Algunos escogían el nombre de un apóstol para darle credibilidad al libro, o escogían el nombre porque consideraban que estaban transmitiendo la enseñanza auténtica de dicho apóstol. El apóstol Pablo fue, sin lugar a dudas, el autor de algunas de las cartas que se le atribuyen en el Nuevo Testamento. Él mismo se identifica al inicio de algunas como su autor. Por el contrario, no escribió otras de las cartas que se le atribuyen.

Revelación

Podemos conocer muchas cosas sobre Dios mediante experiencias humanas, pero hay otras que no podemos conocerlas a menos que Él nos las revele. Al contemplar la naturaleza, podemos experimentar una parte de la belleza de Dios, pero la mente humana no puede llegar a conocer totalmente la plenitud de su belleza. Lo que experimentamos es solo un rayo de la infinita belleza de Dios. Necesitamos la Revelación para conocer la relación de Dios con su Creación. La Palabra de Dios que nos llega a través de la Biblia es un gran don de Dios. Dice Jeremías: "Cuando recibía tus palabras, las devoraba, tu palabra era mi gozo y mi alegría íntima" (Jr 15:16).

El mensaje de la Revelación

Los cristianos creemos que Dios nos ama, nos perdona cuando buscamos sinceramente perdón, y cuida de toda la Creación. Creemos que el ser humano es la cumbre de la Creación divina y que resucitaremos de entre los muertos y viviremos para la eternidad. Creemos en todo esto, pero necesitamos la Revelación para respaldar esta fe. Cuando leemos la palabra inspirada por Dios, tenemos la seguridad de conocer que Dios nos ama y se preocupa por nosotros.

La Revelación da un paso más allá. Nos muestra los misterios sobre Dios. Nos revela que Jesús y el Espíritu Santo son uno con Dios Padre. Cuando hablamos del misterio en la Sagrada Escritura, no estamos usando la palabra misterio como al hablar de un crimen misterioso, sino como algo desconocido que no se puede entender con la razón humana. Dado que el misterio, en este sentido, va más allá de nuestra capacidad humana de entender, la Revelación es el único camino para conocer a Dios. Incluso cuando Dios se nos ha revelado, su comprensión sigue siendo un misterio. Un misterio es diferente de un problema. Si yo le debo a alguien cinco dólares, resuelvo mi problema una vez que pago mi deuda. Comprenderme a mí mismo o a otra persona puede ser parecido a resolver un misterio. Escuchamos con cierta frecuencia esta expresión: "Para mí es un misterio la razón por la que se comporta así". En este caso, no pretendemos resolver un problema sino buscamos entender a la otra persona.

Aunque Dios es espíritu puro y, por tanto, ni varón ni mujer, los cristianos de la Iglesia primitiva siguieron las estructuras de su propio tiempo y cultura, centradas en lo masculino; era una sociedad patriarcal. En la cultura de los tiempos de Jesús, escogían casi siempre la imagen masculina como imagen de la paternidad de Dios, aunque hay algunos ejemplos del lado "femenino" de Dios. Isaías, el profeta, describe a Dios a los habitantes de Jerusalén de esta manera: "como a un niño a quien su madre consuela, así los consolaré yo" (Is 66:13). Jesús emplea una imagen similar cuando llora sobre Jerusalén diciendo: "¡Cuántas veces intenté reunir a tus hijos como la gallina reúne los pollitos bajo sus alas, y tú te negaste!" (Mt 23:37). Dado que el Nuevo Testamento tenía que hacer la distinción entre la primera y la segunda persona dela Trinidad, el título "padre" es empleado con muchísima más frecuencia en el Nuevo Testamento que en el Antiguo. El pueblo del Antiguo Testamento no conocía la Trinidad.

La Revelación pública terminó con el último libro de la Biblia. A partir de ese momento no hay más revelaciones públicas, entendiendo por esto la Revelación dada por Dios a una comunidad y declarada como inspirada por la autoridad de la Iglesia. Si una persona tiene una revelación y nos dice que Dios espera que hagamos cierta oración cada día, no tenemos la obligación de seguir tal revelación. Las revelaciones privadas pueden aportar una luz a la persona que las recibe pero no representan una revelación pública. No estamos obligados a seguirla como Palabra de Dios para nosotros. La verdad de las revelaciones privadas también debe estar de acuerdo con la revelación pública. Si alguien afirmase que Dios le ha revelado algo que es contrario a la revelación pública, debemos considerar dicha revelación como falsa.

Los autores inspirados

Cuando los autores escribieron los textos declarados como inspirados en la Biblia, no sabían que estaban escribiendo la Sagrada Escritura. Dios no se les apareció y les dijo: "Toma nota de este mensaje". Los autores redactaron de acuerdo con su estilo, sus circunstancias históricas y su apertura a la inspiración de Dios. Algunos afirman que Dios les habló directamente o a través de un mensajero divino, mientras que otros dicen que han investigado profundamente lo que les había llegado a través de terceras personas. Fue labor de la Iglesia determinar qué libros pertenecían a la Biblia.

El canon (principio guía) de la Sagrada Escritura

Canon es una palabra griega que significa regla empleada para medir. El uso de la palabra canon para los libros de la Biblia se refiere a una medida para determinar qué libros pertenecen a la Sagrada Escritura. El canon de la Biblia depende de la devoción y el uso que la comunidad ha dado a ciertos escritos religiosos. La autoridad religiosa investigó el uso que la comunidad daba a un libro en particular y determinó qué libros o manuscritos tenían que aceptarse como inspirados. En la época del Antiguo Testamento y durante el período del Nuevo, existieron numerosos libros que narraban la relación de Dios con su pueblo. Algunos fueron confirmados como pertenecientes al canon de la Sagrada Escritura, otros no. La declaración de qué manuscritos pertenecían al canon orientaba al fiel en su relación con la palabra inspirada por Dios. En resumen, la Biblia es una colección de libros y manuscritos que la Iglesia determinó como inspirados.

La lengua de los libros del Antiguo Testamento

Los autores originales del Antiguo Testamento eran israelitas; por ello la mayor parte del Antiguo Testamento está escrita en hebreo o en arameo (dialecto muy semejante al hebreo). Todos los libros de la Biblia contienen escritos y manuscritos que empezaron a formarse siglos antes de que apareciesen por escrito. Con el tiempo se fue investigando y determinando el origen de estos libros, hasta determinar su pertenencia al canon de la Biblia.

En el siglo VI y V a.C., se agruparon los escritos del Antiguo Testamento, aceptándose solamente como inspirados los libros escritos en hebreo. En aquel momento no hubo ninguna declaración oficial de que dichos libros pertenecieran a la Sagrada Escritura. Sin embargo, el pueblo de Israel los aceptó como sagrados en sus celebraciones y en su modo de vivir. Contenían himnos, leyes y distintas formas de adoración como reveladas por Dios, y creían que venían directamente de sus palabras, igual que los mandamientos que Él dio a Moisés.

Cuando Alejandro Magno conquistó gran parte del mundo conocido en el siglo IV a.C., la lengua y la cultura griega se extendieron, ocupando todo el territorio de su vasto imperio. Los israelitas que vivían fuera de

Palestina asimilaron la cultura griega mientras conservaron sus creencias y prácticas religiosas. La mezcla de la cultura griega con las distintas culturas tomó el nombre de helenismo. Algunos exegetas se refieren a aquellos israelitas que vivían fuera de Palestina y habían asimilado distintos aspectos de la cultura griega como "israelitas helenísticos". Muchos no pudieron retomar el hebreo, lo que causó un problema para aquellos que querían permanecer fieles a la historia y costumbres del judaísmo tal y como se encontraba en la Sagrada Escritura.

Al no hablar hebreo, se hizo necesario traducir la Sagrada Escritura, redactada en hebreo, a la lengua griega.

Esta traducción comenzó aproximadamente 250 años antes del nacimiento de Jesús. El resultado recibió el nombre de la Septuaginta o Biblia de los Setenta. La tradición cuenta que setenta y dos estudiosos, trabajando de modo independiente, llegaron exactamente a la misma traducción. Esta leyenda llevó a la conclusión de que Dios había guiado este trabajo y la traducción era auténtica. La Septuaginta añadió algunos escritos históricos y religiosos que no formaban parte de la Escritura judía original. A pesar de la alta estima con la que contaba, fue dejada de lado por estudiosos judíos que dictaminaron noventa años después del nacimiento de Jesús que estos libros no pertenecían a la Escritura judía. Los cristianos que hablaban griego, sin embargo, aceptaron estos libros como inspirados y, por lo tanto, pertenecientes a la Biblia.

La lengua de los libros del Nuevo Testamento

Muchos autores del Nuevo Testamento escribieron sus manuscritos en el griego común empleado en su tiempo. Esto hizo de la Septuaginta la fuente principal del Antiguo Testamento para los autores del Nuevo. Este incluye muchas referencias literales al Antiguo Testamento y una buena cantidad de referencias indirectas que, a menudo, resultan imperceptibles al ojo del lector inexperto. Gracias a estas referencias y comentarios se pueden entender mejor algunos textos del Nuevo Testamento.

Los libros apócrifos y deuterocanónicos

La palabra "apócrifo" ("escondido") fue usada por primera vez por san Jerónimo cuando tradujo la Biblia al latín (traducción conocida como Vulgata). Con este adjetivo se calificaban ciertos escritos que permanecían ocultos o ininteligibles para el lector común. De los libros en griego, san Jerónimo solo tomó aquellos que gozaban de alta estima para incluirlos en su traducción, aunque no por esto los catalogó como parte de la Sagrada Escritura inspirada.

Posteriormente, en el siglo XVI, la Reforma Protestante llevó a no aceptar los libros apócrifos como pertenecientes a la Sagrada Escritura inspirada; muchos creían que solo los libros hebreos del Antiguo Testamento mostraban verdaderamente la fe de Israel. El Concilio de Trento declaró en 1546 que esos libros no escritos en hebreo eran deuterocanónicos, o sea, pertenecientes a un segundo canon de la Sagrada Escritura. Los católicos los consideran inspirados, palabra inspirada por Dios y digna de ser leída durante la liturgia. El término protocanónico, que significa perteneciente al primer canon, se emplea para designar los libros que se encuentran en la Escritura judía y deuterocanónico se refiere a los manuscritos encontrados en la traducción de la Septuaginta que no existían en el original hebreo. Los autores del Nuevo Testamento se apoyaron en la traducción de la Septuaginta, la cual, según los protestantes, contenía libros apócrifos.

Algunas ediciones de la Biblia incluyen tanto los deuterocanónicos como los no canónicos en una misma sección llamada libros apócrifos.

Este criterio puede llevar a confusión entre los dos términos, que se refieren a cosas distintas. Algunos libros leídos en la Iglesia primitiva no fueron aceptados como canónicos y se les empezó a llamar apócrifos. Estos libros se suelen incluir en las traducciones protestantes, bajo el título de "libros apócrifos".

Los libros deuterocanónicos, conocidos como apócrifos por las Biblias protestantes, son: Tobías, Judith, Sabiduría, Sirácide (Eclesiástico), Baruc (incluida la epístola de Jeremías), primer y segundo de los Macabeos y algunos textos añadidos a los libros de Ester y Daniel, tales como el himno de los tres jóvenes, Susana, y Bel y el dragón.

El número de libros en la Biblia

La Iglesia Católica Romana y la Iglesia Ortodoxa incluyen 73 libros en su Biblia, mientras que los protestantes incluyen 66 libros. Como ya mencionamos, la mayoría de las denominaciones protestantes no aceptan los libros deuterocanónicos. Los textos del Antiguo Testamento aceptados como inspirados por la Iglesia Católica y la Iglesia Ortodoxa contienen 46 libros mientras que la mayoría de las Biblias protestantes contienen 39. Toda la cristiandad acepta los 27 libros del Nuevo Testamento como inspirados por Dios.

Repaso

- ✠ ¿Qué queremos decir cuando hablamos del canon de la Sagrada Escritura?
- ✠ ¿En qué lenguas están escritos los textos originales y principales del Antiguo y del Nuevo Testamento?
- ✠ ¿A qué se refieren los exegetas cuando hablan de los apócrifos?
- ✠ ¿Cuántos libros hay en la Biblia protestante y cuántos en la católica romana?

Reflexiones

- ✠ La canonicidad de la Biblia nos dice qué textos se aceptan como inspirados. ¿De qué manera puede ayudarte esto en tu lectura de la Biblia?
- ✠ El Antiguo y el Nuevo Testamento hablan de la relación de Dios con la humanidad desde los primeros tiempos hasta el presente. ¿Qué te enseña la lectura de la Biblia sobre Dios?

II. ALIANZA (TESTAMENTO)

El Evangelio de san Lucas nos habla de que Jesús, en la Última Cena, "Tomando pan, dio gracias, lo partió y se lo dio diciendo: — Esto es mi cuerpo, que se entrega por ustedes. Hagan esto en memoria mía. Igualmente tomó la copa después de cenar y dijo: — Esta es la copa de la nueva alianza, sellada con mi sangre, que se derrama por ustedes" (Lc 22:20).

De este modo comienza la Nueva Alianza con Dios, una Alianza sellada por el Cuerpo y la Sangre de Jesús.

Una historia de alianzas

La historia de la Biblia es una historia hecha de alianzas cumplidas, rotas, renovadas, y de la Nueva Alianza en el Cuerpo y en la Sangre de Cristo. El componente central de la Biblia es la Alianza. En la Biblia una alianza es una relación y acuerdo basado en compromisos compartidos que implican promesas y ritos. "Testamento" y "alianza" se pueden usar indistintamente. Una alianza puede darse cuando la parte superior establece los términos del acuerdo y la otra parte acepta someterse a su autoridad; pero también puede establecerse una alianza entre iguales: ambos se comprometen mutuamente a observar lo pactado.

La Antigua Alianza (Testamento)

En la Biblia Dios inicia la Alianza con Israel. En este caso, Dios es la parte superior, que establece los términos de la Alianza con la parte inferior, es decir, con los hombres que Él había creado. Hay muchas alianzas entre Dios y los israelitas en el Antiguo Testamento. La principal tuvo lugar en el monte Sinaí donde el único y verdadero Dios prometió ser el Dios de Israel y ellos prometieron, bajo voto, obedecerlo. Dado que Dios mediaba la Alianza a través de Moisés, fue llamada Alianza Mosaica. También se la conoce como alianza del Sinaí, pues se llevó a cabo en el monte Sinaí.

Al romper la alianza, el pueblo peca gravemente e incurre en la ira de Dios. Los israelitas creían que cuando el pueblo rompía su alianza con Dios Él los castigaba no para destruirlos, sino para purificarlos y traerlos a una vida de acuerdo con los preceptos de su Alianza. Dios siempre permanece fiel a sus promesas y espera a que se arrepientan y renueven la fidelidad a su compromiso, sin importarle la gravedad o las veces que el pueblo rompiese la alianza.

La Nueva Alianza (Testamento)

Debido a los pecados de los israelitas, Jeremías predijo que Dios haría una Nueva Alianza con su pueblo. Para los cristianos, la Alianza Mosaica recibió el nombre de Antigua Alianza y la Alianza dada a través de Jesús se conoce como Nueva Alianza. Dado que la palabra también significa "testamento", las alianzas también reciben el título de "Antiguo Testamento" y "Nuevo Testamento". Para los israelitas, por supuesto, no hay Antiguo Testamento, pues no aceptan el Nuevo. La Alianza Mosaica es tan importante actualmente como lo fue cuando Moisés la recibió.

Algunos, en consideración a la sensibilidad del pueblo judío, se refieren al Antiguo Testamento como "la Escritura judía" y al Nuevo Testamento como la "Escritura cristiana". Sin embargo, a la luz de lo dicho sobre los libros deuterocanónicos en el "Antiguo Testamento católico", los católicos no pueden referirse a todo el Antiguo Testamento como la Escritura judía, puesto que aceptan ciertos libros como canónicos que los judíos rechazaron en el año 90 d.C.

El tamaño del Antiguo y del Nuevo Testamento

El Antiguo Testamento es tres veces más grande que el Nuevo, entre otros motivos, porque abarca un mayor periodo de tiempo. El Antiguo Testamento relata la relación de Dios con el pueblo de Israel durante unos 1500 años. El Nuevo Testamento cubre menos de cien años, y narra la relación de Dios con el pueblo a través de Jesús, sus enseñanzas y la transmisión de su mensaje después de su Resurrección. Para los cristianos, sin embargo, la Escritura cristiana (el Nuevo Testamento) es mucho más importante que la Escritura judía (el Antiguo Testamento). El Nuevo Testamento nos dice cómo debemos responder ante el hecho de que Jesucristo, hijo de Dios, se hizo hombre, murió y resucitó por nosotros. Sin el Nuevo Testamento, el cristianismo no existiría. Nosotros, cristianos, vivimos en la época del Nuevo Testamento.

La importancia del Antiguo Testamento para los cristianos

El judaísmo y el cristianismo son religiones históricas. La historia del pueblo de Israel se basa en las obras de Dios en medio de su pueblo. La historia del cristianismo es una continuación del actuar de Dios en el mundo, a través de la persona de Jesucristo, el Hijo de Dios. Jesús mismo fue judío y compartió la historia que Israel vivió desde la Creación. Dado que el cristianismo centra su fe en Jesucristo, necesitamos entender las narraciones bíblicas, profecías y sabiduría que influyeron en su vida y mensaje.

Jesús vino para cumplir la ley

El cristiano que lee el Antiguo Testamento, lo lee de manera diferente a como lo hace un lector judío que no acepta a Jesús como Mesías. Para los cristianos, el Antiguo Testamento alcanza su cumplimiento en Jesús, el Mesías esperado que vino a este mundo y dio un nuevo significado a la Sagrada Escritura. El creyente judío lee la Escritura con la idea de que aún hay promesas pendientes de cumplirse. Jesús mismo dijo a sus seguidores que no había venido para destruir la ley sino para darle cumplimiento. Tanto para los cristianos como para los judíos, la Escritura judía aporta un alimento espiritual y una visión diferente. El estudio del Antiguo Testamento aporta a los cristianos un entendimiento más profundo del Nuevo Testamento y un nuevo enfoque para comprender a la persona de Jesús, quien fue un judío bueno y devoto.

Los manuscritos del Mar Muerto

Hasta 1947 las copias más antiguas que se conocían de la Escritura judía eran los textos masoréticos, que datan del siglo IX y X después de Cristo. Un día, un niño beduino, mientras cuidaba su rebaño de ovejas, tiró una piedra dentro de la cueva de Qumrán, en la ribera noroeste del Mar Muerto, y oyó ruido de vasijas que se rompían. Su lanzamiento casual tuvo un impresionante impacto en el estudio de la Escritura. Iniciada la investigación, encontraron en la cueva vasijas de barro que contenían rollos y pergaminos. Los investigadores examinaron el lugar y descubrieron casi un millar de manuscritos de la Escritura judía. Otros textos encontrados en esas cuevas revelaron la existencia de un cierto tipo de vida monástica, desarrollada por un grupo conocido como "esenios".

El valor del descubrimiento se debe a que los rollos incluyen las copias más antiguas de textos bíblicos y extra bíblicos. El descubrimiento ofreció una biblioteca entera de manuscritos religiosos que estaban datados entre el siglo II a.C. y la mitad del siglo I d.C. El lanzamiento casual de un niño llevó al descubrimiento de manuscritos bíblicos y otros escritos antiguos almacenados en vasijas de barro de hace más de dos mil años. Además del abundante conocimiento útil obtenido a través de estos manuscritos, aportaron fiabilidad a algunos textos antiguos de la Escritura. Muchos de ellos eran fragmentos del Antiguo Testamento junto con algunos comentarios. Muchos incluían un número de discrepancias con copias posteriores. En el libro de Isaías, por ejemplo, no había apenas algún cambio significativo.

El valioso descubrimiento recibió el nombre de "rollos del Mar Muerto" porque Qumrán está cerca del Mar Muerto, situado a poco menos de 1300 pies bajo el nivel del mar. El Mar Muerto recibe su nombre de la gran concentración de sal, lo cual hace imposible la vida de cualquier especie en sus aguas. La sal es tan densa que las personas flotan con facilidad. Actualmente, esta zona es un lugar de encuentro para muchos que creen que sus aguas son buenas para la salud física y mental.

La Biblia como libro religioso

En el siglo XVII el científico Galileo Galilei fue condenado a arresto domiciliario por haber declarado que el sol era el centro del universo. Aquellos que lo condenaron le acusaron, entre otras cosas, de que sus enseñanzas eran contrarias a la Escritura. En aquel momento muchos creían que la tierra era el centro del universo, pues la Sagrada Escritura dice que la tierra no se movía y el sol sí. La Biblia dice que en una batalla Josué oró para que el sol se mantuviera quieto y "el sol quedó quieto" (Jos 10:13). Todos los Papas recientes han reconocido que Galileo, más que ser un hereje o enseñar doctrinas falsas contra la Biblia, estaba en lo correcto en cuanto a sus teorías científicas.

En la época de Galileo no se entendió correctamente este género literario empleado en la Biblia. La Biblia es un libro religioso, no científico o histórico. Enseña la historia de la salvación que implica la relación de Dios con su pueblo. Actualmente los exegetas concuerdan en que la Biblia no se propone realizar propuestas científicas o exponer historia. Esto no implica que no haya historia en la Biblia; sin embargo, para entenderla, el lector debe comprender su sentido y la mentalidad cultural de aquellos que elaboraron los libros que la componen. Hay que leer la Biblia sabiendo que los autores y redactores tenían una visión del mundo adecuada a sus épocas. Pensaban en una tierra plana, en la que el sol, la luna y las estrellas se desplazaban en una especie de enorme cúpula en el cielo, moviéndose de un extremo de la tierra al otro.

Infalibilidad de la Biblia

Tanto los judíos como los cristianos creen que la Biblia, como obra inspirada, está libre de errores religiosos. Como mencionamos más arriba, la Biblia no es un libro científico, ni presenta siempre datos históricos exactos. Se trata de un libro religioso con un mensaje religioso. Sin embargo, también hay que tener en cuenta que hay mensajes que carecen de soporte ideológico. Por ejemplo, el libro de Job habla de la sepultura como el final de la existencia, pero un poco más adelante, algunos autores hablan de la resurrección de entre los muertos. Cuando los saduceos discuten el mensaje de Jesús sobre la resurrección y afirman que eso no se encuentra en la Torá, ponen de manifiesto una creencia sostenida por muchos israelitas devotos. Creer en la vida después de la muerte es algo que había comenzado unos 150 años antes del nacimiento de Jesús.

El hecho de que parezca que algunas partes de la Biblia parece que contienen puntos equivocados, nos lleva a considerar su doble autoría: contiene una inspiración divina, pero también un autor, que es quien recibe la inspiración. Cada pasaje bíblico debe estar de acuerdo con la enseñanza general de la Biblia para que se le acepte como libre de error.

Religión y vida

Los autores de la Biblia vivían en un tiempo y cultura donde la religión envolvía todos los ámbitos de la vida. Sus épocas eran diferentes de las nuestras. Los paganos creían en muchos dioses, mientras que los cristianos y los judíos de la época bíblica creían en un Dios verdadero. En contraste con los tiempos modernos, no había ateos. Para los judíos y los paganos todo lo que sucedía estaba relacionado con la divinidad. Algunos creían que los dioses causaban las tormentas, las hambrunas, las plagas y un sinnúmero de aspectos incomprensibles de la vida. Judíos y cristianos, en cambio, estaban convencidos de que los dioses falsos no eran dioses, no existían. Solo existía el único Dios que regía y gobernaba la Creación, los guiaba y los protegía. Por negarse a creer en muchos dioses y mantener su fe en un único y verdadero Dios, incluso a pesar de duros y largos momentos de prueba, judíos y cristianos fueron únicos en su tiempo. Su historia fue una historia sagrada, una verdadera historia de salvación. Su Dios estuvo con ellos en los buenos momentos y en los malos.

Al leer el Antiguo Testamento, nos damos cuenta de un aspecto de la personalidad divina que llama la atención: la severidad y la ira. Leemos que el Dios de los israelitas castigaba al pueblo elegido, no con el afán de destruirlos sino para ayudarlos a reconocer la necesidad de ser fieles a la Alianza. Dios los amonestaba, los apoyaba, los castigaba, los guiaba en la batalla, dividió el mar en dos para salvarles y los amaba. Son numerosos los pasajes que presentan a Dios como compasivo y misericordioso, que desea con ansia acercarse al hombre y abrazarlo como una madre abraza a su hijo.

Para los cristianos, la Biblia es un largo camino que alcanza su cumplimiento cuando "la Palabra se hizo carne y habitó entre nosotros". El Hijo de Dios vino al mundo para traernos la salvación, fruto de su Pasión, Muerte y Resurrección. Esto es lo que la Biblia transmite: Dios quiere que adoremos al único, verdadero y amable Dios, y que lo amemos como Jesús lo hizo.

Traducciones de la Biblia

Si vamos a una biblioteca y buscamos una buena traducción de la Biblia nos daremos cuenta de que hay muchas. Esto nos deja con la duda de cuál será la mejor y por qué existen tantas. En distintos periodos de la historia, estudiosos y exegetas han traducido la Biblia prácticamente a todas las lenguas conocidas. Existen diferentes traducciones al español porque el entendimiento y la comprensión de las palabras cambia, evoluciona. Por ejemplo, cuando se elaboró la traducción de las antiguas Biblias católicas, la gente empleaba el "vos" como equivalente al "tú" y se empleaban otras expresiones del español antiguo. Los autores originales de los manuscritos de la Biblia escribieron en un lenguaje común para la gente de su tiempo. Hoy los traductores emplean el vocabulario y las expresiones cotidianas de nuestra sociedad actual. Además, muchos exegetas han descubierto traducciones más exactas de ciertas palabras empleadas en los manuscritos originales.

En Estados Unidos, para los católicos, la traducción que se emplea en los actos religiosos proviene de la Nueva Biblia Americana, cuya revisión fue concluida en el 2010. La primera página dice que el libro "está traducido del original con el uso crítico de todas las fuentes históricas".

Se trata, por tanto, de una versión de los escritos bíblicos cuidada y fácil de entender.

Repaso

- ✠ ¿Qué nos dice la palabra "Biblia" sobre su contenido?
- ✠ ¿Cuál es el valor de los rollos del Mar Muerto y de dónde viene su nombre?
- ✠ ¿Por qué es importante entender que la Biblia es un libro religioso con un mensaje religioso?
- ✠ ¿Qué queremos decir al afirmar que en el antiguo Israel religión y vida eran una sola cosa?

Reflexiones

- ✠ Jesús nos dejó una Nueva Alianza en la Eucaristía. Cuando asistes a la Eucaristía, ¿eres consciente de que estás comprometiéndote en una Nueva Alianza con Cristo?
- ✠ La Biblia es un libro religioso. ¿Qué mensajes espirituales recuerdas de cuando has leído o escuchado fragmentos de la Biblia?

CAPÍTULO DOS

La historia antes del Exilio

I. EL PENTATEUCO (LA TORÁ)

Los israelitas creían que Dios les hablaba a través de Moisés y los profetas. Reconocían a Yavé como un Dios amoroso que no solo había protegido a la nación, sino que les había dado una ley que los ponía en condiciones para demostrar, también ellos, su amor por Dios. La ley no era solamente una lista de los mandatos que los israelitas debían cumplir, sino también una prueba de la relación de Dios con la familia de Abrahán. Y era el único Dios verdadero, que había peregrinado con ellos, que se había enfadado a causa de sus infidelidades, pero que también los había protegido milagrosamente cuando toda seguidad les había fallado. Los cinco primeros libros de la Biblia (Génesis, Éxodo, Levítico, Números y Deuteronomio) forman el Pentateuco, palabra que viene del griego y significa "los cinco libros". La tradición judía se refiere a ellos como la "Torá", palabra que significa "enseñanza" o "ley". Su contenido se centra en la Alianza sellada por Dios en el Sinaí, a través de la mediación humana de Moisés. En la versión hebrea y griega, los nombres de estos libros tienen que ver con la primera palabra de cada uno, mientras que en las traducciones cristianas reciben el nombre de acuerdo con su contenido. Tienen varios autores, e incluso cuando se trata de un mismo libro, pueden encontrarse diferentes tradiciones escritas por diferentes personas.

El libro del Génesis

El primer libro del Pentateuco es el Génesis, y abarca el periodo comprendido entre la creación del mundo y el establecimiento de la familia de Jacob en Egipto. Muchos exegetas se refieren a esta época como periodo prehistórico.

La Creación

Según el Génesis, Dios creó el mundo en seis días y descansó el séptimo. Los judíos de la época de Jesús (e incluso muchos judíos actuales) observaban estrictamente el descanso del séptimo día (el Sabbat) como una ley de Yavé. La Biblia nos dice: "Y bendijo Dios el día séptimo y lo consagró, porque ese día Dios descansó de toda su tarea de crear " (Gén 2:3). La mayoría de los exegetas consideran que el relato de la Creación representa un mito que guarda ciertas semejanzas con otros mitos de la antigua Mesopotamia, que también hablan de la Creación. En este como en otros libros de la Biblia, la explicación de la Creación transmite un mensaje religioso inspirado, incluso cuando la ciencia y la historia aportan datos contrarios a la literalidad de la narración. El mensaje inspirado habla de un Dios del orden que creó el mundo de la nada y creó a los seres humanos como cumbre de la Creación, haciendo de la unión del hombre y la mujer algo tan sagrado que, a los ojos de Dios, "ellos se convertirán en uno solo". El libro del Génesis llama a Adán y Eva el primer hombre y la primera mujer creados por Dios.

El pecado aparece en el mundo

El libro del Génesis continúa con el relato de la aparición del pecado en el mundo, propiedad de Dios. Adán y Eva pecan y son arrojados del Jardín del Edén. Caín asesina a Abel. Otros pecados se suceden hasta que el mundo se vuelve tan depravado que Dios intenta una nueva Creación al enviar el diluvio y salvar únicamente a Noé y a su familia. Después del diluvio, uno de los hijos de Noé, Cam, ofendió a Dios al ridiculizar a su padre (pecado terrible para los israelitas) y es desterrado. Pronto, empiezan a buscar su propio camino al cielo, simbolizado por la construcción de la torre de Babel. Dios confunde su lengua para que la gente ya no pueda comunicarse entre sí.

La familia de Abrahán

En este momento entra en escena Abrahán. Es probablemente el principal personaje del Antiguo Testamento, aunque muchos relatos sobre él se transmitieron oralmente durante varios siglos, y como resultado fueron embellecidos y tratados con poca precisión.

Dios establece una alianza con Abrahán, le promete que será padre de una multitud de naciones y le dará, a él y a toda su descendencia, la tierra de Canaán (Palestina). El verdadero Dios será Dios de Abrahán y de sus descendientes y la señal de la Alianza será la circuncisión de todo hijo varón. En menos de un año, Abrahán y Sara tienen un hijo al que ponen el nombre de Isaac. Cuando Abrahán está a punto de sacrificarle, Dios le ordena no ponerle la mano encima. Por la fe de Abrahán, Dios renueva la promesa de convertirlo en padre de una gran nación.

Isaac tiene dos hijos, Esaú y Jacob. Esaú es el primogénito, con el derecho sobre la promesa hecha a Abrahán, pero Jacob y su madre engañan a Isaac, quien por su edad había quedado ciego. Isaac bendice a Jacob pensando que bendecía a Esaú. Jacob huye, encuentra trabajo con la familia de su primo, Labán, y tiene dos hijos. Jacob decide volver a casa y antes envía dones a Esaú, con la esperanza de que lo recibirá bien. Ignorando lo que Esaú iba a hacer, Jacob envía a su familia a un lugar seguro al otro lado del río y espera solo a su hermano. Aquella noche, un ángel lucha contra él hasta el amanecer. Al alba, el ángel le pregunta su nombre. Cuando le responde que es Jacob, el ángel le cambia el nombre a Israel, en referencia a que había luchado con un emisario divino.

La familia de Jacob en Egipto

Once de los hijos de Jacob sentían envidia de su hermano José, quien en sus sueños veía a sus hermanos inclinándose ante él. Más tarde sus hermanos le venden a unos mercaderes que iban de camino a Egipto. Allí, José es acusado falsamente de seducir a la mujer de su señor, un noble, y lo envían a prisión. Tiempo después, el faraón tiene un sueño. José lo interpreta como una señal de que el país atravesará siete años de abundancia y siete años de escasez. El faraón pone a José a cargo del almacenamiento de los víveres durante los primeros siete años y de la administración de los mismos durante los otros siete. Se vuelve tan poderoso en Egipto que invita a las familias de sus hermanos a que vayan allí. Jacob muere en Egipto, y también José, con el deseo de que sus huesos sean enterrados en la Tierra Prometida. El libro del Génesis, después de haber explicado cómo las tribus de Israel terminaron en Egipto, concluye con la muerte de José.

Aunque el Génesis explica el origen del mundo y el origen del pueblo elegido, su eje es la Alianza de Dios con Abrahán. Jesús mismo se referirá a sus compatriotas como los hijos de Abrahán.

El libro del Éxodo

Pasan 400 años entre el final del Génesis y el inicio del Éxodo. Un faraón egipcio, que no conocía la historia de José y cómo habían llegado a Egipto las tribus de Israel, tuvo miedo del rápido crecimiento del pueblo de los israelitas en su país. Ordenó que todo niño recién nacido fuera arrojado al Nilo y muriera ahogado, pero la hermana de Moisés se las arregla para salvarlo dejándolo a flote en una cesta. La hija del faraón lo encuentra, le da el nombre de Moisés y lo educa.

Moisés guía al pueblo fuera de Egipto

Ya adulto, Moisés mata a un egipcio que estaba golpeando a un esclavo israelita. Tiempo después se casa y se dedica al pastoreo. Un día, mientras vigilaba el rebaño de su suegro, se encuentra con Dios, que se le aparece en una zarza ardiente. Cuando le pregunta su nombre, Yavé le responde: "Yo soy el que soy". Puesto a las órdenes de Dios, Moisés vuelve a Egipto e informa al faraón de la petición divina de dejar partir a los israelitas. Cuando el faraón se niega, Dios envía las diez plagas. Con la décima, manda a Moisés que transmita sus órdenes al pueblo: deberán matar un cordero y pintar con su sangre la entrada de toda casa israelita. Deberán comer el cordero como quien se prepara para salir huyendo. Cuando llegó la noche, Moisés y el pueblo celebraron la primera Pascua. Todo primogénito de hombre o de animal cuyo umbral no había sido marcado murió.

Viendo la muerte de su primogénito, el faraón permite a los israelitas, junto con sus rebaños, abandonar Egipto, pero más tarde se arrepiente y parte en su persecución. El pueblo de Israel atraviesa el Mar Rojo, que se abre ante el bastón levantado de Moisés. Los egipcios persiguen a los israelitas, pero cuando estos alcanzan la otra orilla, las aguas vuelven a su curso y ahogan al ejército de Egipto.

La travesía por el desierto se vuelve difícil y los israelitas se quejan contra Moisés asegurando que era mejor la vida en Egipto. Dios los alimenta con maná además de proporcionarles agua de una roca. Sin embargo, persisten en su actitud. Dios y Moisés se encuentran en la montaña, lugar en el que Dios proclama las leyes de la Alianza, que contienen una legislación religiosa y civil. En los siguientes encuentros con Dios, Moisés recibe más leyes e instrucciones. Dios le comunica el deseo de que le construya un tabernáculo donde habitar permanentemente en medio del pueblo elegido. También le da otras indicaciones, entre las cuales figuraban las normas sobre los ornamentos sacerdotales, el altar y sus características y los sacrificios que debían ofrecerse diariamente. Aarón se convierte en el primer Sumo Sacerdote; su descendencia será la tribu sacerdotal.

Mientras ocurren estos encuentros en la montaña, el pueblo fabrica un becerro de oro como representación divina.

Por culpa de este pecado, sustituir a Dios por un ídolo hecho por manos de hombre, Yavé amenazó con matar a todo su pueblo. Sin embargo, se arrepiente ante los ruegos de Moisés. Cuando este desciende de la montaña, arroja las tablas de la ley y ordena a los levitas que ejecuten a los israelitas infieles. Luego, siguiendo el mandato de Dios, elabora dos nuevas tablas en las cuales escribe lo que se contenía en las originales. Cuando Moisés desciende de la montaña, después de recibir nuevas indicaciones, su rostro brilla tanto que debe cubrírselo con un velo.

La Alianza del Sinaí es el núcleo del libro del Éxodo y del Pentateuco. Algunas leyes e instrucciones encontradas en el Éxodo provienen de una época posterior en la que los israelitas ya se habían establecido en la Tierra Prometida. Un autor los sitúa en el Éxodo con la intención de justificar que provenían de Dios en sus encuentros con Moisés en el monte Sinaí.

El libro del Levítico

El título de "Levítico" se refiere a los levitas, la tribu sacerdotal de Israel. Aunque el nombre está relacionado con la tribu de Leví, no se trata de un libro solo para los sacerdotes de Israel sino también para las demás tribus. Las instrucciones del libro del Levítico ofrecen enseñanzas y leyes para relacionarse con Dios. La idea central del libro reposa en las palabras: "Sé santo, porque yo, el Señor tu Dios, soy santo". Ofrece una guía para las personas que se reconocen pecadoras, a quienes Dios está deseando perdonar, el pecado se puede perdonar a través de ofrendas y sacrificios. Aunque el Levítico reconoce que la Creación es capaz de pecar, también afirma que el mundo tiene la capacidad de conseguir bondad, esa bondad que estaba presente al inicio de la Creación. Algunas partes del libro contienen leyes para el sacrificio y para otros rituales prescritos para los levitas.

Muchos exegetas creen que el libro tuvo un largo periodo de elaboración y llegó a su redacción final en el período persa (538 -332 a.C.) El Levítico, que contiene la mayor parte de la legislación, interrumpe el ritmo narrativo que distingue a los primeros dos libros de la Biblia.

El libro de los Números

El libro de los Números resume la narración del éxodo de los israelitas a través del desierto. Comienza con el censo y la ofrenda de dones con ocasión de la dedicación del Tabernáculo. Pasa después a narrar el establecimiento del campamento en el Sinaí, continúa con la partida de ese mismo monte y termina con el establecimiento del pueblo en las llanuras de Moab, al Este de la ribera del Jordán. Dios había afirmado que la generación que abandonó Egipto no entraría en la Tierra Prometida por su falta de fe en su la protección divina. Al final del libro la predicción se cumple, pues es una nueva generación, nacida en el desierto, la elegida para entrar en la Tierra Prometida.

El libro del Deuteronomio

El quinto y último libro de la Torá, el libro del Deuteronomio, recibe su título del significado griego de esta palabra, "segunda ley". El término puede confundir, pero no se trata de una nueva ley sino de una nueva explicación, que muestra el cumplimiento de la ley de Moisés proclamada en el Sinaí. El libro contiene el relato de hechos históricos que se narran también en otras partes del Pentateuco. Incluye una serie de discursos en los que Moisés exhorta al pueblo a no olvidar la gloria pasada y a observar la promesa divina que asegura conquistas futuras. Moisés también les recuerda que Dios pide de ellos obediencia digna de confianza y amor. Los versículos finales del libro narran la muerte y funerales de Moisés.

Repaso

- ✠ ¿Qué libros de la Biblia forman la Torá?
- ✠ ¿Qué periodo abarca el libro del Génesis?
- ✠ ¿Qué periodo abarca el libro del Éxodo?
- ✠ ¿Cuáles son los puntos más importantes del Levítico, de los Números y del Deuteronomio?

Reflexiones

- ✠ Dios eligió a la familia de Abrahán para ser su pueblo. ¿Cómo vives tu fe como miembro del pueblo cristiano, elegido también por Dios?
- ✠ La ley que Dios entregó a Israel era sagrada. ¿Son sagradas para nosotros las leyes divinas?

II. LOS ANTIGUOS PROFETAS

Después de la muerte de Moisés, Dios nombró un nuevo caudillo para los israelitas, Josué. "Josué, hijo de Nun, poseía grandes dotes de prudencia, porque Moisés le había impuesto las manos. Los israelitas le obedecieron e hicieron lo que el Señor había mandado a Moisés"(Dt 34:9).

En la Torá, "profeta" sirve para denominar a alguien que tiene una función de vehículo de comunicación entre Dios y los hombres. La Escritura judía incluye los libros de Josué, Jueces, primer y segundo libro de Samuel y primer y segundo libro de los Reyes en la lista de los libros proféticos. En las traducciones actuales, los clasifican como libros histórico-narrativos. Dios no solo condujo al pueblo por el desierto hasta la Tierra Prometida, sino que permaneció con él cuando se estableció en esta tierra y dejó sus costumbres nómadas. Los profetas que aparecen en estos libros, conocidos como los antiguos profetas, representan a profetas legítimos que hablaban en nombre de Dios. Los libros escritos por ellos hablan de la relación de Dios con el Pueblo elegido. Dios se comunicaba con los profetas a través de visiones, sueños y adivinaciones.

Durante los tiempos de la monarquía apareció otro grupo de profetas: los profetas posteriores. Ungieron a los reyes, los orientaron e instruyeron con profecías sobre los desastres que esperaban a aquellos reyes que no se arrepintieran de sus pecados.

Los libros de los antiguos profetas incluyen:

— La conquista de Canaán por parte de Josué (libro de Josué).

— El surgimiento del pueblo de Israel bajo la configuración de estados independientes durante el período premonárquico de los Jueces (libro de los Jueces).

— El período en el que los Reyes reemplazaron a los Jueces en el gobierno del pueblo (libros primero y segundo de Samuel y primero y segundo de Reyes). Este periodo, que comenzó con la unción de Samuel, está narrado en el primer libro de Samuel.

El tercer periodo de los antiguos profetas se puede dividir, a su vez, en tres momentos. En el primero se incluye la unión monárquica de tiempos de los reyes Saúl y David (primer y segundo libro de Samuel) y el reinado del rey Salomón (primer libro de los Reyes). El segundo incluye la historia de la monarquía dividida, narrada en el primer libro de los Reyes; los reinos se dividieron entre el Reino del Norte (Israel) y el Reino del Sur (Judá) (primero de los Reyes). Relata la caída de la capital del imperio del Norte,

Samaria, después de ser sitiada por el ejército asirio. En el tercer periodo, el Reino de Judá cae bajo la invasión babilónica (segundo libro de los Reyes).

El libro de Josué

Después de la muerte de Moisés, Josué guió al pueblo de Israel a la Tierra Prometida. La tierra que Dios había prometido a los israelitas no fue conquistada de forma sencilla. Tuvieron que combatir contra los habitantes de aquellas tierras. Cuando Josué murió, aún quedaba mucho por conquistar.

La caída de Jericó

Dios anunció a Josué una victoria milagrosa sobre Jericó. Las murallas cayeron derrumbadas cuando los israelitas hicieron un ruido atronador. Cuando murió fue enterrado en la Tierra Prometida, igual que José, cuyos restos habían traído de Egipto.

La división de la tierra

A medida que se adueñaban de las distintas zonas de la Tierra Prometida, cada una de las tribus de Israel (los hijos de Jacob) recibió una porción de tierra como posesión, a excepción de la tribu de Leví. Los miembros de esa tribu habían sido escogidos entre las demás tribus como sacerdotes. También los dos hijos de José recibieron cada uno una porción de tierra. El país quedó dividido en dos secciones. Las 10 tribus que se establecieron al norte de Jerusalén estuvieron a menudo en conflicto con las dos tribus que se establecieron al sur. Además de combatir contra fuerzas extranjeras, también lucharon muchas veces entre sí.

El libro de los Jueces

Cuando el pueblo de Israel entró por primera vez en la Tierra Prometida, vivió bajo la dirección y protección de hombres valientes quienes fueron conocidos como Jueces. No eran jueces al estilo moderno, sino caudillos enviados por Dios. El libro de los Jueces detalla historias de seis de los jueces que formaron el grupo conocido como "Jueces Mayores". Los otros seis fueron conocidos como "Jueces Menores". Elí, Sumo Sacerdote, y Samuel, el profeta, fueron dos jueces que no se mencionan en este libro, sino en el siguiente, el primer libro de Samuel. Gobernaron Israel hasta el establecimiento de la monarquía. Cuando los israelitas olvidaban la Alianza, las naciones paganas los dominaban. Por el contrario, cuando se arrepentían y permanecían fieles, Dios suscitaba Jueces heroicos que los dirigían. Los principales fueron los siguientes:

— **Débora y Barak:** reunieron un ejército de diez mil hombres para luchar contra los cananeos.

— **Gedeón:** con la fuerza de solo trescientos hombres derrotó a los madianitas. Su hijo, Abimelec, gobernó poco tiempo y fue asesinado.

— **Sansón:** conocido al ser traicionado por Dalila. Sansón no dirigió ningún ejército; con su gran fuerza luchó contra los filisteos. Por sí solo mató a tres mil filisteos en su Templo.

— **Gefté:** antes de derrotar a los amonitas, imprudentemente prometió a Dios sacrificar a la primera persona que saliese a saludarlo tras la batalla. Venció; su hija fue quien le salió al encuentro y tuvo que cumplir el voto.

Primer libro de Samuel

El primer libro de Samuel incluye el período que va desde el nacimiento del profeta Samuel hasta la muerte del rey Saúl y sus hijos. Israel inaugura el período de la monarquía. También se narran los pecados de los reyes.

El nacimiento de Samuel

El libro comienza con Ana, la madre de Samuel. Después de largos años de oración por tener un hijo Dios atiende a su plegaria. Consagra al niño al servicio de Dios bajo la bendición del sacerdote Elí dejándolo en el Templo. Samuel creció hasta convertirse en un profeta muy reconocido. En el primer libro de Samuel podemos leer: " y todo Israel, desde Dan hasta Berseba, supo que Samuel era profeta acreditado ante el Señor" (1 Sm 3:20). Cuando Samuel envejeció, señaló a sus dos hijos como Jueces del pueblo.

Sin embargo, ambos eran corruptos, y el pueblo pidió ser gobernado por un rey, en vez de por Jueces.

Saúl, primer rey de Israel

Aunque Dios fue un verdadero rey para Israel, el pueblo prefería uno al estilo del que tenían las naciones poderosas que lo rodeaban. Cuando empezaron a pedir un rey Dios se resistió; no obstante, finalmente accedió y envió a Samuel para ungir a Saúl como primer rey de Israel. Saúl comenzó su gobierno con gran respeto por Dios pero cayó en la idolatría y en la envidia. La narración de la vida de Saúl termina con los filisteos matándolo a él y a sus hijos. El primer libro de Samuel concluye con los funerales de Saúl.

Segundo libro de Samuel

El segundo libro de Samuel abarca desde la elección de David como rey de Israel hasta la situación de necesidad y la ofrenda que David presentó a Yavé para que terminase la peste. Dios había enviado esta peste por el pecado cometido por David al convocar un censo.

David toma Jerusalén

El segundo rey de Israel, David, que también había sido ungido por Samuel, se convirtió en el gran rey de la historia israelita. No fue el más poderoso, aunque sí el más conocido y uno de los que logró unir los reinos del Norte y del Sur.

David escogió sabiamente la ciudad de Jerusalén, que estaba fuera de las fronteras de cualquier tribu, y la convirtió en ciudad santa para todo Israel e introdujo en ella el Arca de la Alianza. La Escritura muestra a David como un caudillo amante de Dios, un hombre que también cometió graves pecados y ultrajes pero que siempre se arrepentía. David guardó siempre gran respeto por la Alianza. El pueblo, gracias a los últimos avisos de los profetas, llegó a creer que "alguien estaba por venir", el Mesías, que sería descendiente de David. Samuel, Natán y Gad son profetas que también encontramos en los relatos de David.

La Tierra

Nos resulta difícil entender lo que significaba la tierra para el pueblo de Israel. En tiempos de David, los israelitas la consideraban como un regalo que Dios les había dado. Era la Tierra Prometida, tierra que consideraban sagrada. Aunque la Biblia habla de la Tierra Prometida en relatos anteriores, muchos estudiosos creen que esta idea comenzó a desarrollarse durante el reinado de David. En tiempo del reinado davídico estaban convencidos de que las generaciones pasadas habían sentido el mismo amor y ansia que ellos por la Tierra Prometida.

Dado que la tierra representaba un don de Dios, Israel creía que tenía derecho a preservarla de invasores extranjeros. También creían que Dios les ayudaría en esta tarea. La tierra se convirtió en Tierra Santa, el lugar donde Dios habitaba con su pueblo. Muchos, incluso, han llegado a creer que la posesión de esta tierra era necesaria para preservar la verdadera fe de Israel.

El libro de Ruth

Este libro no pertenece al conjunto de libros conocidos como los antiguos profetas. Sin embargo, la historia de Ruth, abuela de David, se encuentra en ese momento de la historia que precede a David. Ruth es una mujer moabita, no judía, quien se casa con Boz. Su matrimonio consumado en la línea de la familia de David se convierte en historia importante para el pueblo de Israel, y también para los gentiles (no judíos), dado que era una gentil. La historia presenta a Ruth como temerosa de Dios, mujer de fe, dedicada, y nuera amorosa de Noemí. El libro es muy conocido por los diálogos de Ruth con Noemí (1:16) "No me obligues a dejarte yéndome lejos de ti, pues a donde tú vayas, iré yo; y donde tú vivas, viviré yo; tu pueblo será mi pueblo y tu Dios será mi Dios"

Primer libro de los Reyes

El primer libro de los Reyes comienza con David, ya anciano, que tiene que escoger un sucesor.

Salomón se convierte en rey

David, antes de morir, entregó el reino a su hijo, Salomón, quien se convirtió en el rey más poderoso de la historia de Israel. Como David fue un jefe militar, es decir, "con sangre en sus manos", Dios le prohibió construir el Templo. El deber de construir tan magnífico edificio fue de Salomón.

El Templo judío

El majestuoso Templo que Salomón construyó se convirtió en el centro de adoración para Israel. La Ciudad Santa de Jerusalén se convirtió en el centro de la vida de Israel y el centro de esta ciudad era el Templo. Durante las fiestas importantes, israelitas de todas partes venían al Templo a adorar a Dios. En el Templo estaba el altar del sacrificio, donde los sacerdotes ofrecían sacrificios en nombre del pueblo. Allí cada día se ofrecían los sacrificios, y en fiestas importantes aumentaba mucho su número. La Ciudad Santa, el Templo, el altar del sacrificio y el sacerdocio fueron centrales para el judaísmo también en tiempos de Jesús.

Un reino dividido

Cuando Salomón murió, Roboam, hijo de Salomón, fue aceptado como rey por las tribus del Sur (Benjamín y Judá). Antes de que las diez tribus del Norte lo aceptaran, exigieron medidas menos rigurosas en términos de impuestos y otras leyes. Roboam, haciendo caso a sus consejeros jóvenes, rechazó estas peticiones y, como resultado, fue rechazado por las tribus del Norte; en el 922 a.C., escogieron como rey a Jeroboam. La nación israelita se dividió en dos grupos -las diez tribus del norte (Israel) y las dos tribus del Sur (Judá).

Profetas para los reinos

A lo largo de la historia del Reino del Norte y del Reino del Sur, Dios continuó demostrando su preocupación por ambos territorios. Envió profetas a los reyes que continuaron el reinado de Jeroboam en el Norte, el reino de Israel, y a los reyes que siguieron a Roboam en el Sur, el reino de Judá. Les recordaron la necesidad de permanecer fieles a la ley del único y verdadero

Dios; pero muchos no quisieron escuchar. Los profetas interpretaron este rechazo como causa de la caída de ambos reinos. Dios escogió a Elías y a Eliseo para profetizar en el Reino del Norte (Israel).

Segundo libro de los Reyes

El segundo libro de los Reyes comienza con las discusiones entre Elías y los reyes, en las que también se vio envuelto Eliseo, sucesor de Elías. Este libro concluye con la conquista de Judá por Babilonia.

La invasión asiria de Israel

En el 721 a.C., el ejército asirio invadió el Reino del Norte, conquistándolo y destruyendo la monarquía. Además, los asirios trajeron inmigrantes de otros países que se mezclaron con los que habían permanecido allí. Esta mezcla de gente de diferentes países era una táctica militar que dejaba a los pueblos dominados sin unidad. El pueblo no confiaba en los inmigrantes de otras naciones, pues no se involucraban en ningún tipo de rebelión contra el invasor. Con el tiempo, los habitantes del Reino del Norte comenzaron a mezclarse con gente de otros países y perdieron la pureza e identidad israelita. Los antiguos habitantes del reino de Israel comenzaron a conocerse como samaritanos. Con ese mestizaje y la aniquilación total del Reino del Norte, creció la enemistad entre Samaria y Judea hasta convertirse en un prejuicio fuerte que todavía existía en tiempos de Jesús.

El exilio de Babilonia

En el 587 a.C., llegó el turno a Judá. La poderosa nación de Babilonia invadió Jerusalén y los territorios circundantes, masacrando gran parte de sus habitantes y llevando a los supervivientes, en un traslado forzoso, a Babilonia. La confusión llenó los corazones de muchos israelitas. Había caído la Ciudad Santa, se había perdido el cimiento de la nación y la religión. Aquellos que tenían una fe fuerte fueron capaces de mantener la esperanza de que Dios, de alguna manera, y superando todos los obstáculos, mantendría la promesa que le había hecho a su pueblo en el pasado. La crueldad de lo sucedido se grabó en la mente del pueblo durante muchas generaciones. Jesús mismo conocía la invasión, la masacre y el exilio padecido por los israelitas durante la esclavitud de Babilonia.

La Diáspora

Algunos habitantes de Judá que intuyeron la invasión huyeron a Egipto y a otras regiones del norte de Palestina. Surgieron distintas comunidades judías fuera de Palestina. Con el tiempo recibieron el nombre de "Diáspora", que significa "dispersión". El pueblo judío todavía hoy considera Palestina su tierra y, siglos después, Jerusalén y el Templo serían reconstruidos, y muchos judíos regresarían como peregrinos para las fiestas mayores

Repaso

- ✠ ¿Quiénes fueron los antiguos profetas?
- ✠ ¿Por qué Dios se disgustó cuando los israelitas pidieron un rey?
- ✠ ¿Que causó la división del reino de Israel?
- ✠ ¿Qué es la Diáspora?

Reflexiones

- ✠ Moisés pasó su poder a Josué al imponerle las manos. En el Bautismo, el celebrante impuso las manos sobre tu cabeza como gesto de la transmisión del sacramental otorgado por Cristo a su Iglesia. ¿Piensas y meditas en la presencia de Cristo en el mundo?
- ✠ Saúl era un israelita fiel cuando fue nombrado rey. Sin embargo, se olvidó de Dios y perdió su favor. ¿Qué enseñanza podemos sacar de la historia de Saúl?
- ✠ El exilio de Babilonia provocó un terrible recuerdo en muchas generaciones de Israel, incluso mucho tiempo después. ¿Por qué Dios permite tantos horrores como la esclavitud en Babilonia o el holocausto?

CAPÍTULO TRES

La historia después del Exilio

I. LA HISTORIA DE LAS CRÓNICAS

Aproximadamente cincuenta años después del exilio los israelitas que estaban en Babilonia tuvieron que afrontar una difícil decisión. Muchos habían crecido ahí y la consideraban su nación, cuando los persas arrasaron el imperio babilónico en el 538 a.C., permitiendo a los israelitas regresar a su tierra.

Muchos eligieron permanecer en Babilonia, mientras que el resto volvió a la Tierra Prometida. Los israelitas se habían establecido en esa tierra cuando llegaron las doce tribus de Israel, pero después de las invasiones asirias y babilónicas, solo quedaba una tribu: la tribu de Judá. Los israelitas se habían identificado bajo el nombre de la tribu de Judá y de ahí que se les llegara a conocer como judíos.

Los que volvieron a Judea, llenos de esperanza, comenzaron a reconstruir el Templo y la Ciudad Santa. El Templo y la ciudad se terminaron de reconstruir en el 516 a.C., y las murallas se en el 450 a.C. Aunque vivían bajo la ley persa, podían practicar su religión con libertad, al menos aparente.

Primer y segundo libro de las Crónicas

Estos dos libros reproducen la historia de Israel desde Saúl hasta el Exilio, completando el periodo en cuestión con genealogías y otras informaciones. Se los debe leer como "historia sagrada" cuyo propósito no es presentar la historia en el sentido moderno de la palabra, sino recalcar la presencia operante de Dios en la historia.

Los libros de Esdras y Nehemías

Los libros de Esdras y Nehemías narran la llegada a Jerusalén y la restauración del Altar y del Templo. En un momento clave del libro de Nehemías, Esdras abre el rollo de la Ley y lo lee e interpreta ante el pueblo, que estaba delante llorando. Esdras les dice que es tiempo de gozar y no de llorar. La dedicación de la muralla construida alrededor de Jerusalén debía ser motivo de gozo. El cronista escribió estos libros alrededor del 400 a.C.

Los libros de Tobías, Judith y Ester

Los libros de Tobías, Judith y Ester no pertenecen a la historia del Cronista, sino a los libros históricos. Presentan historias fascinantes de personas de gran fe en Dios. Los autores de los libros no se preocupan de la precisión histórica. Estos tres libros, junto con el primer y segundo libro de los Macabeos, entran dentro de la categoría de "novelas bíblicas", lo que quiere decir que se proponen contar relatos, historias. Los libros de los Macabeos guardan una relación más cercana con el momento histórico. Sin embargo, presentan una imagen embellecida y heroica de los jefes israelitas que se levantaron contra la intrusión de la cultura griega y sus prácticas religiosas en Israel. El autor habla del guerrero Judas Macabeo en términos casi gloriosos: "Fue un león en sus hazañas, un cachorro que ruge por la presa" (1 Mac 3:4).

El libro de Tobías presenta la historia de un hombre virtuoso que comparte su sabiduría espiritual a través de sus acciones y palabras. En su libro expresa su propia virtud: "el Altísimo hizo que me ganara el favor de Salmanasar, y llegué a ser el encargado de sus compras" (Tob 1:3).

El libro de Judit cuenta la historia de la victoria del pueblo elegido sobre el enemigo a través de la intervención de la mujer. Judit atrae al general Holofernes, enemigo de Israel, para que la acepte en su habitación y lo decapita mientras duerme. El pueblo la considera una verdadera heroína por la hazaña. Llegan a declarar "¡Tú eres la gloria de Jerusalén, tú eres el honor de Israel, tú eres el orgullo de nuestra raza!" (Jdt 15:9)

El libro de Ester también cuenta una victoria lograda a través de una mujer, que convirtió una masacre planeada en contra de los israelitas en una gran derrota del enemigo. La mayoría de las Biblias protestantes ponen los libros de Tobías y Judit bajo el título de apócrifo, mientras que en las católicas están dentro de los deuterocanónicos.

Primer y segundo libro de los Macabeos

Los libros de los Macabeos fueron escritos hacia el año 100 a.C. El segundo libro de los Macabeos no continúa donde se quedó el primero, sino que ofrece un relato distinto de los hechos comentados en los primeros siete capítulos del libro anterior. Los libros se deben entender en el contexto histórico del momento.

La influencia de Alejandro Magno

A lo largo de la historia, algunas personas han influido de tal manera en el mundo que su influjo ha llegado mucho más allá de su propia época. Una de esas personas es Alejandro Magno, quien se convirtió en rey de Macedonia en el 334 a.C. y en el 332 a.C. se propuso conquistar el imperio persa. Llevó sus fuerzas por el Este hasta la India, por el Sur hasta Egipto, e hizo del imperio griego el mayor imperio hasta entonces conocido. La gente de Judea, así como otros pueblos, recibieron las grandes conquistas con la esperanza de que llegaría una nueva era de libertad. A los 33 años, en el 323 a.C., Alejandro Magno murió y el imperio se dividió entre sus generales.

Alejandro aportó al imperio el amor por la cultura griega extendiéndola por todo el mundo con el celo de un conquistador. Fue alumno del filósofo Aristóteles, además de haber estudiado de joven las artes y la cultura griega. Se propuso lograr que todo el mundo hablara griego y viviera de acuerdo con las costumbres helenas. Incluso después de su muerte, la cultura griega continuó floreciendo.

Helenización

El objetivo de Alejandro no era destruir las culturas originarias de los territorios dominados. Pretendía que se mezclaran con la cultura griega de tal manera que la cultura griega fuese la predominante. Este proceso de fusión de la cultura griega con las demás culturas se llama helenización.

El pueblo de Israel aprovechó y sufrió a la vez esta imposición de la cultura griega. El uso del griego como lengua común para todo el mundo permitió a los israelitas traducir la Biblia al griego, para bien de los israelitas de la Diáspora, que no sabían hebreo. Pero como los israelitas no permitían influencias y tradiciones externas, rechazaron la influencia griega, al menos en Judea, y se constituyeron en enemigos formales de la helenización. Esto causó muchos problemas a Judea.

Antíoco IV

Después de la muerte de Alejandro, dos de sus generales lucharon por el dominio de Judea. Los israelitas pronto se encontraron aprisionados entre estas dos facciones, cautivos primero de una y luego de la otra; ambas representaban un poder enorme. A pesar de esta dominación extranjera, los israelitas vivieron con una libertad relativa hasta el 375 a.C. En aquel año, el general Antíoco IV encabezó la dinastía seléucida, que incluía la tierra de Judea y parte de los países al norte y este de la región. Antíoco se propuso helenizar todas sus posesiones, así como presionarlas con pesados impuestos destinados a financiar sus campañas militares. Estos impuestos y la helenización forzada causaron un gran descontento entre el pueblo de Israel.

En el 168 a.C., Antíoco IV emitió un edicto ordenando la muerte de todos aquellos que celebraran fiestas religiosas, honraran el Sabbat o practicaran la circuncisión. Mandó destruir todos los manuscritos de la Torá. En toda Judea comenzaron a aparecer altares y ordenó adorar a dioses paganos. El mayor insulto para los israelitas llegó cuando puso la estatua griega del dios Zeus en el Templo judío. Para asegurarse de que aquel edicto se cumpliera, Antíoco envió a sus propias tropas a aquellas tierras. Tras el regreso de los israelitas de Babilonia siglos antes, su principal dirigente había sido el Sumo Sacerdote. Dado que la religión y la vida estaban estrechamente ligadas, se había convertido en una persona de gran influencia en Israel. Antíoco se dio cuenta de la ventaja política de tener un Sumo Sacerdote que lo apoyase, así que eligió su propio Sumo Sacerdote: un hombre que estuviera de acuerdo con él, recaudara los impuestos del pueblo y apoyara la helenización.

Matatías dirige la rebelión

La rebelión judía comenzó de forma insignificante, al menos a los ojos de Antíoco. Un hombre llamado Matatías se negó a ofrecer sacrificios a los dioses falsos y mató a un judío que estaba a punto de hacerlo. Asesinó también al guardia que traía a su pueblo la orden de adorar. Como consecuencia, Matatías, sus cinco hijos y algunos de sus seguidores huyeron a las montañas. El hecho podría haber resultado insignificante para Antíoco, pero esa familia era muy conocida en Israel. Se la conoce como la familia de los "asmoneos". Después de la muerte de Matatías, su hijo Judas luchó contra el enemigo con tácticas de guerrillas hasta que un general de Antíoco aceptó un tratado de paz. Judas recibió el nombre de Macabeo, que significa "martillo", por lo que la rebelión se conoció con el nombre de rebelión macabea.

En el 165 a.C., cuando Judas limpió y consagró de nuevo el Templo, tuvo lugar una gran celebración. Todavía hoy, los israelitas recuerdan este hecho con la fiesta del Hanukkah, también llamada la Fiesta de las Luces. Con la libertad religiosa, muchos judíos esperaban conseguir pronto la libertad política. Sentían que la Tierra Santa no debería ser dominada por un reino extranjero. Bajo la dirección de Simón, hermano de Judas, se consiguió cierto grado de independencia, a medida que se fueron reduciendo las presiones de gobernantes extranjeros. Aunque Simón no pertenecía a la familia sacerdotal se le nombró Sumo Sacerdote, pues no se encontraba un representante apto para el puesto. El nombramiento lo convirtió en el jefe del país.

El Arca de la Alianza

El Arca de la Alianza era un cofre sagrado hecho de oro descrito en el libro del Éxodo y que contenía las tablas de piedra en las cuales se había escrito el Decálogo (los diez mandamientos). Era muy apreciada por el pueblo de Israel. Según dice el libro del Éxodo, en el monte Sinaí Dios había mandado a Moisés construir el Arca y le había dado las instrucciones precisas para ello. El Arca estaba completamente cubierta de oro, tenía incrustados a cada uno de sus lados dos anillos también de oro, a través de los cuales pasaban unos varales del mismo material que servían para transportarla, dos querubines de oro encima y en el centro un escabel donde descansaban los pies del Dios invisible (según la ley de Moisés, los israelitas no tenían permitido fabricar ninguna imagen de Dios). Los levitas eran los escogidos para oficiar ante el Arca.

Un relato bíblico cuenta que, durante el Éxodo, los sacerdotes llevaban el Arca delante del pueblo. Cada vez que los israelitas se detenían para acampar, se dejaba el Arca en una tienda especial y sagrada llamada tabernáculo. Al final de Éxodo por el desierto, cuando los sacerdotes que llevaban el Arca se detuvieron en la ribera del Jordán, el agua del río se dividió, abriendo camino para que los israelitas pasaran hasta Jericó. Mientras los sacerdotes permanecían con el Arca en la orilla del río, el pueblo podía pasar. En Jericó, los israelitas marcharon durante siete días alrededor de las murallas de la ciudad encabezados por el Arca. Al séptimo día todo Israel empezó a gritar, a la vez que siete sacerdotes que iban delante de la muchedumbre hicieron sonar sus cuernos. Las murallas cayeron y Jericó fue destruida.

Tras establecerse en la Tierra Prometida, los israelitas tuvieron que luchar contra los filisteos. Ellos llevaban el Arca a la batalla. De hecho, fue capturada dos veces por los filisteos pero de inmediato se la devolvieron, en cuanto los filisteos comenzaban a sufrir enfermedades, erupciones cutáneas y plagas de ratas.

Al inicio de su reinado, David decidió llevar el Arca a Sión. En el camino, uno de los que la transportaban puso su mano sobre ella para sujetarla, pues se tambaleaba. Dios lo mató por tocar el Arca. David, atemorizado por el incidente, la llevó a la casa de un hombre llamado Obededom, el hitita, en vez de llevarla a Sión, y permaneció allí tres meses. Cuando supo que Dios había bendecido a Obededom con la presencia del Arca en su hogar, David ordenó que fuera llevada a Sión por los levitas, mientras él, ceñido de un atuendo de lino, danzaba delante del Señor ante todo Jerusalén. Cuando la hija de Saúl, Mical, vio esto, lo reprendió fuertemente. Ya en Sión, David colocó el arca en el tabernáculo que le había preparado, ofreció sacrificios, se repartieron alimentos y se bendijo al pueblo.

David tenía como objetivo construir el Templo para el Arca. Se detuvo por un aviso divino comunicado por medio del profeta Natán. Cuando se construyó el Templo bajo la dirección de Salomón, se destinó un lugar especial, llamado el Santo de los Santos, para acoger el Arca. Cuando los sacerdotes salieron del Templo, una nube se posó sobre él, pues la gloria de Dios había llenado su casa". En el 586 a.C. los babilónicos destruyeron el Templo de Jerusalén, construido por Salomón. No se sabe qué sucedió con el Arca.

La sinagoga

Aunque los israelitas que vivían fuera de Jerusalén anhelaban ir a la Ciudad Santa para las fiestas judías, no siempre era posible. El centro de la adoración judaica era el Templo. Como muchos habían salido de Palestina durante la invasión babilónica en el 586 a.C., surgió la necesidad de establecer sinagogas. El pueblo encontró el modo natural de mantener viva la adoración comunitaria en ausencia del Templo. Este nuevo modo de adoración se llevaba a cabo en la sinagoga; allí se celebraban los oficios el día de Sabbat y durante las grandes festividades. De este modo, la sinagoga se convirtió en el centro de la vida judía; en ella se leía la Escritura y se educaba a niños y a adultos. No se celebraban ceremonias de adoración tan solemnes como en el Templo y tampoco se practicaban sacrificios.

Cuando un rabino culto, como Jesús, llegaba a la sinagoga por primera vez, se le invitaba a dirigir la lectura e interpretar la Escritura. La sinagoga se convirtió en una parte más del judaísmo no solo para los que vivían lejos del Templo sino también para aquellos que vivieron durante los largos períodos en los que el Templo estuvo destruido. De esta manera, la unión de la religión con la vida se mantuvo como una práctica vigente en las comunidades judías. Lucas dice en su Evangelio que Jesús entró en la sinagoga un sábado: "como era costumbre".

Los libros sapienciales

Los libros sapienciales hunden sus raíces en la sabiduría propia de la literatura del Medio Oriente. Se trata de un tipo de literatura que se centra en cuestiones vivenciales sobre Dios, la Creación y la naturaleza del mal y del sufrimiento. El pueblo israelita creía en un único y verdadero Dios, y había adaptado la sabiduría del Medio Oriente a su fe en Dios. Buscaban no solamente entender cómo vivir en el mundo sino más bien cómo vivir en el mundo de Dios. A través de dichos, poesías, oraciones, diálogos o estrofas amorosas, los distintos autores sapienciales desarrollaron una respuesta a la pregunta de cómo vivir en este mundo creado por Dios. Utilizan paralelismos, que podemos identificar con frases típicas de la poesía judía. Los libros sapienciales son Job, Salmos, Proverbios, Eclesiastés, Cantar de los Cantares, Sabiduría y Sirácide (Eclesiástico).

— **El libro de Job:** presenta la historia de un hombre justo que se enfrenta a problemas e interrogantes ante el sufrimiento mientras lucha por permanecer fiel a Dios. Job padece la pérdida de gran cantidad de animales, de sus hijos e hijas, y esta dura realidad la afronta afirmando "Desnudo salí del vientre de mi madre y desnudo volveré a él. El Señor me lo dio, el Señor me lo quitó: ¡bendito sea el Nombre del Señor!" (Job 1:21)

— **El libro de los Salmos:** es la recopilación de oraciones, himnos y poemas que expresan la experiencia religiosa de los israelitas a lo largo de su historia. Hablan de gozo, esperanza, frustración, incógnita, pero muy a menudo culminan con la confianza en Dios. El libro contiene ciento cincuenta salmos.

— **El libro de los Proverbios:** su título describe casi a la perfección su contenido. Se trata de un texto dedicado a enseñar la sabiduría a los jóvenes. En los proverbios, leemos: "No te tengas por sabio, respeta al Señor y evita el mal" (Prov 3:7).

— **El libro del Eclesiastés:** aunque el libro reconoce que hay un plan divino oculto para los hombres, refleja un gran escepticismo, resaltando que todo es vanidad y vaciedad en este mundo. No pretende llevar al lector al pesimismo o a la desesperanza. Aunque todo es vanidad, este libro procura fomentar la actitud del agradecimiento por las alegrías que se encuentran en la vida. Escribe su autor: "Acuérdate de tu Creador durante tu juventud, antes de que lleguen los días difíciles" (Ecl 12:1).

— **Cantar de los Cantares:** es una forma poética de literatura que presenta al Señor como un amante y a los seres humanos como su amada. En un lenguaje íntimo, presenta la imagen ideal del amor que existe entre Dios y los hombres. El autor comienza su texto con las palabras "¡Béseme con besos de su boca! ¡Son tus amores mejores que el vino!" (Cant 1:2).

— **El libro de la Sabiduría:** escrito aproximadamente cien años antes de Cristo, aborda temas religiosos populares para edificar a sus lectores y consolarlos en el tiempo de la prueba y de la opresión. El autor invita a la confianza en Dios: "Amen la justicia, ustedes, los que gobiernan la tierra; tengan rectos pensamientos sobre el Señor y búsquenlo con sencillez de corazón" (Sab 1:1).

— **El libro del Sirácide (Eclesiástico):** este libro contiene afirmaciones que pretenden motivar a los lectores a mantener su fe religiosa y su fidelidad a Dios y a los demás a través del entendimiento de los textos sagrados y de la tradición. En él podemos leer: "No tardes en volverte a él dejando pasar los días" (Eclo 5:7).

Repaso

✠ ¿Qué libros de la Biblia hablan del restablecimiento de los israelitas en la Tierra Prometida, una vez que volvieron del Exilio?

✠ ¿Qué influencia tuvo Alejandro Magno en la historia de Israel?

✠ ¿Por qué fue tan importante el Arca de la Alianza?

✠ ¿Cuál es el origen de la sinagoga?

Reflexiones

✠ Cuando el pueblo regresó a la Tierra Prometida, todos lloraban mientras Esdras, el sacerdote, leía una parte de la ley. ¿Qué sientes respecto de la sacralidad de la ley del amor y del perdón dada a nosotros por Jesucristo?

✠ El libro de los Macabeos detalla un cierto tipo de guerra santa contra el paganismo. ¿Contiene un mensaje para aquellos que buscan el significado de la guerra justa, en contra de aquellos que creen que jamás deberíamos tener guerras?

✠ El Arca de la Alianza ocupa un lugar sagrado y central en la historia de Israel. ¿Hay alguna semejanza entre la reverencia al Arca y el honor dado a la Eucaristía en la Iglesia Católica Romana y en la Iglesia Ortodoxa?

II. DIOS HABLA A TRAVÉS DE LOS PROFETAS

Dios escogió profetas, así lo afirma Jeremías: "El Señor me dirigió la palabra: –Antes de formarte en el vientre te elegí, antes de salir del seno materno te consagré y te nombré profeta de los paganos" (Jr 1:4-5). Los profetas escribieron antes, durante y después del Exilio.

Los libros proféticos

En la Biblia la palabra de Dios nos llega a través de varios estilos o géneros literarios. En este apartado veremos cómo la palabra inspirada nos habla en el lenguaje de la profecía, un lenguaje simbólico y apocalíptico. A través de ellos, el creyente aprende a relacionarse con el Dios amoroso: Yavé desafía al hombre, lo despierta y le anima en medio de la persecución y la muerte. El Dios del amor está siempre presente en medio de la historia de Israel.

En sentido escriturístico, un profeta es quien habla y actúa en nombre de Dios. No eran populares entre la gente ni queridos por los reyes, pues debían recordarles los pecados cometidos contra Dios, así como sus correspondientes consecuencias. Algunos advertían sobre futuras catástrofes que afrontaría la nación, tales como la aniquilación del Reino del Norte, Israel, a manos de los asirios, la invasión babilónica de Judea y su correspondiente exilio en Babilonia. Los profetas también predijeron el día en que los israelitas serían liberados de su Exilio y volverían a su tierra.

Los libros proféticos incluyen los nombres de los cuatro profetas mayores y de los doce profetas menores, junto con el libro de las Lamentaciones y el de Baruc. La designación de mayores y menores tiene que ver con la extensión de sus escritos, no con su importancia.

Los cuatro profetas mayores son: Isaías, Jeremías, Ezequiel y Daniel

Los doce profetas menores son: Oseas, Joel, Amós, Abdías, Jonás, Miqueas, Nahum, Habacuc, Hagar, Sofonías, Zacarías y Malaquías.

— **El libro de Isaías:** Muchos exegetas reconocen que el libro de Isaías no procede de un solo autor sino de un conjunto de autores, principalmente tres. En el "primer" Isaías (los capítulos 1-39) se habla de la relación especial de Yavé con los reyes davídicos en Jerusalén y las advertencias de Isaías contra la alianza con los asirios. El "segundo" (capítulos 40 -55) se le atribuye a un autor desconocido, quien profetizó al final del Exilio en Babilonia. El "tercero" (capítulos 56-66) recoge los últimos oráculos escritos o predicados por discípulos de Isaías. Asimismo, debe resaltarse que, dentro del libro de Isaías, se contienen pasajes que escribieron otros autores.

— **El libro de Jeremías:** El libro de Jeremías es la obra de un profeta del Reino del Sur ubicado entre el último cuarto del siglo VII a.C. y la primera parte del siglo VI a.C. Combina historias, biografías, oráculos, oraciones, poemas y exhortaciones. Jeremías combate la idolatría injusta y padece persecución por cumplir su deber. Fue quien profetizó la caída de la nación a manos de Babilonia.

— **El libro de las Lamentaciones:** El libro de las Lamentaciones contiene cinco lamentos por la destrucción de Jerusalén, escritos por un autor que presenció la destrucción de la ciudad en el 587 a.C. Las Lamentaciones hablan de las abominaciones del ser humano y la fuerza y el amor de Dios. Los lamentos eran cantos fúnebres entonados anualmente el día de duelo. Los israelitas elevaban dichos cánticos en memoria de la destrucción de la Ciudad Santa.

— **El libro de Baruc:** Aunque el libro de Baruc se atribuye a una persona que se reconoce como secretario y compañero de Jeremías, es con mucha probabilidad una recopilación de textos escritos, al menos, por tres autores diferentes. El libro incluye cinco composiciones diversas, la primera y la quinta redactadas en prosa y las otras tres en poesía. Son reflexiones piadosas sobre las circunstancias dolorosas de los exiliados en la cautividad de Babilonia e incluyen una supuesta carta de Jeremías contra la idolatría.

— **El libro de Ezequiel:** Ezequiel profetizó a inicios del destierro babilónico en el 597 a.C. y fue el primer profeta en ejercer su función fuera de Israel. Escribió sobre la destrucción total de Jerusalén que aún estaba por suceder y en la que, dentro de un panorama tan oscuro, habría lugar para la esperanza. Ezequiel muestra un gran interés por el Templo y por la liturgia, habla sobre una Nueva Alianza y las condiciones indispensables para ella. El libro muestra claros signos de sucesivas redacciones y adiciones de textos posteriores, obra de los supervivientes del Exilio.

— **El libro de Daniel:** El libro de Daniel, formado durante la persecución de Antíoco IV, a mediados del siglo II a.C., es la historia de un joven judío que vivió durante el destierro de Babilonia. Pertenece a los libros apocalípticos y está orientado a animar a los israelitas en medio de la persecución, recordándoles que, a pesar del tormento que padecen, Dios siempre les guía y protege.

—**El libro de Oseas:** El libro de Oseas aborda el tema de la infidelidad del Reino del Norte durante la mitad del siglo VIII a.C. Narra la historia de una mujer infiel, Gomer, la cual representa a Israel, y su fiel esposo que sufre el dolor de la infidelidad. El esposo fiel es Yavé que castiga, pero jamás abandona a Israel.

—**El libro de Joel:** El libro de Joel contiene también imágenes apocalípticas. Escrito alrededor del siglo V a.C., describe la invasión de langostas que tuvo lugar en Judea como signo de la venida del Señor. El profeta convoca a la asamblea y la invita a arrepentirse y a pedir la intercesión de los sacerdotes en favor del pueblo. Como resultado de esta asamblea en oración, el Señor promete poner fin a la plaga de langostas y derramar bendiciones en la tierra.

—**El libro de Amós:** Amós profetizó en el Reino del Norte durante el reinado de Jeroboam II, que trajo cierta estabilidad política. Amós denuncia la idolatría y la injusticia de Israel y anuncia que el día de Yavé será un día de oscuridad, cuando los alcance la invasión asiria. Su mensaje fue mal recibido y le causó el ridículo y muchas penas.

—**El libro de Abdías:** El libro de Abdías, escrito probablemente en el siglo V a.C., habla del castigo a Edom, enemigo perpetuo de Israel. Cuando los israelitas regresan del Exilio, deben luchar para recuperar sus tierras y Edom es uno de los enemigos a derrotar. En este breve libro de profecías, el profeta cuenta que Edom ha sido vencido y Judá e Israel de nuevo se han unido.

—**El libro de Jonás:** El libro de Jonás, escrito después del Exilio, en el siglo V a.C., presenta la imagen de un profeta reticente al que Dios trae milagrosamente a los umbrales de Nínive para convertir a sus habitantes. Ante el descontento de Jonás, el pueblo de la odiada ciudad asiria de Nínive se arrepiente y se viste de sayo y cenizas. El tema principal de esta historia recuerda que seres humanos tan descarriados como la población de Nínive pueden arrepentirse y librarse de la ira de Dios.

— **El libro de Miqueas:** Miqueas, coetáneo de Isaías, arremete contra la riqueza injusta, los comerciantes estafadores y los sacerdotes y profetas deshonestos de Samaria y Jerusalén. Aunque utiliza reproches y advertencias de castigo, Miqueas transmite mensajes de ánimo y esperanza.

— **El libro de Nahum:** En el libro de Nahum, el profeta se alegra con la inminente caída de la despreciada ciudad de Nínive, en Asiria, el 612 a.C. Esta alegría surge al conocer las atrocidades tan amargas que el pueblo ha padecido a manos de los asirios. Sin embargo, modera ese gozo reconociendo que Dios no es un Dios de venganza sino de misericordia.

— **El libro de Habacuc:** Habacuc escribe a finales del siglo VII a.C. e inicios del VI a.C., cuando Babilonia amenazaba con destruir Judá. Según Habacuc, Dios preparó el castigo de Judá volviéndola vulnerable ante Babilonia. Ante la corrupción de Judá, Dios será vara de castigo, pero los fieles sobrevivirán.

— **El libro de Hageo:** Cuando hablamos de Hageo, hablamos de un profeta postexílico (520 a.C.) que exhorta y alienta a los habitantes de Israel a construir un segundo Templo. Habla de la futura magnificencia que tendrá el nuevo Templo, mejor que la del primero.

— **El libro de Sofonías:** Sofonías escribe durante el reinado de Josías (640-609 a.C.), antes de la reforma iniciada por este. El pueblo seguía profundamente afectado por la influencia asiría: Judá adoraba a dioses extranjeros, práctica que los jefes del pueblo se negaban a denunciar. Sofonías habla de la destrucción y la muerte que Dios traerá sobre Judá y Jerusalén. Vaticina un desastre universal en el cual toda forma de vida será aniquilada; el día del Señor será de devastación inimaginable.

— **El libro de Zacarías:** El libro de Zacarías data del 520 a.C. Los primeros ocho capítulos pertenecen al autor original y contiene ocho visiones relacionadas con la construcción del Templo. También ofrece ánimo y esperanza a aquellos que regresaron del Exilio. Los últimos seis capítulos proceden de uno o más autores anónimos, e incluyen los oráculos del Príncipe de la Paz y la imagen apocalíptica del asalto final a Jerusalén por parte de sus enemigos, tras lo cual comenzará la era mesiánica.

— **El libro de Malaquías:** El libro de Malaquías, escrito por un autor desconocido a mediados del siglo V a.C., muestra el disgusto de Yavé con su pueblo por las innumerables ofensas: el uso de animales defectuosos para el sacrificio, las negligencias en materia de diezmos y ofrendas, y la costumbre de los hombres de la época de divorciarse de sus esposas para casarse con mujeres extranjeras. El libro concluye que el Día del Señor está por llegar, pero primero Dios enviará a alguien para preparar el camino del Señor. Entonces llegará el día del juicio.

Literatura apocalíptica

La literatura apocalíptica es un género literario que se encuentra en algunos libros de la Biblia y en otras obras de literatura. Tiene su origen en la palabra griega *apocalipsis* que significa "revelación". Sus inicios vienen del siglo III a.C. y II a.C. Después de que el pueblo se había establecido en Israel y había terminado el periodo de los profetas, surge una nueva forma de literatura espiritual conocida con el nombre de literatura apocalíptica, que tiene que ver con "los últimos tiempos".

Dos épocas: el mal y la gloria

La literatura apocalíptica divide el tiempo y la historia en dos categorías: la edad del mal precedente y la edad de la gloria. Relata el final de la edad precedente y el inicio de la nueva. Los textos retratan cómo el mundo alcanzará una época de gloria, a través de la descripción de un conflicto cósmico entre Dios y Satanás, y sus poderosos ejércitos. Es pesimista al ilustrar la imposibilidad de los hombres por aportar una solución al presente, en el que gobierna una condición de opresión, pero también es optimista al mostrar el poder de Dios, que siempre guía la historia y al final triunfará. Los escritos apocalípticos estaban pensados para el futuro inmediato, no para aquellos que vivirían cientos o miles de años después. Los signos y advertencias encontrados en los textos apocalípticos no pretenden dar pistas sobre la fecha del fin del mundo.

El Apocalipsis de Daniel

El primer y más antiguo texto apocalíptico de Israel se encuentra en la parte final del libro de Daniel (capítulos 7-12), en la que se habla de bestias, ángeles y guerras. El libro, como se mencionó más arriba en la sección de los profetas, se atribuye a un hombre sabio y respetado que vivió unos cuatro siglos antes del destierro de Babilonia. Algunos autores no cuentan a Daniel entre los profetas mayores, más bien lo identifican con un autor apocalíptico. Estos capítulos del libro de Daniel hablan simbólicamente de una batalla en la que se derrota a la bestia, quien parece ser Antíoco IV.

El Apocalipsis del Nuevo Testamento

El Nuevo Testamento concluye con el libro apocalíptico más conocido por la mayoría de los cristianos, el libro del Apocalipsis o Revelación. El autor, que vive en el pasado y predice un futuro en el que se entrevén grandes hechos y persecuciones, utiliza la literatura apocalíptica como un código para los cristianos perseguidos por los romanos. A través de los símbolos que se encuentran en los escritos apocalípticos, los cristianos encuentran aliento para soportar la persecución, sabiendo que algún día Dios triunfará sobre la bestia y los santos disfrutarán de un día nuevo y glorioso con el Señor. El Nuevo Testamento incluye otros escritos apocalípticos que se encuentran en pasajes cortos de los Evangelios y en algunas cartas escritas por los discípulos de Jesús. Estos escritos apocalípticos, como los libros de Daniel y el Apocalipsis, se escribieron en momentos de persecución, para alentar a los fieles.

Características de la literatura apocalíptica

Los escritos apocalípticos se diferencian de los proféticos en varias cosas. El autor es una figura muy conocida que vive antes de que los hechos tengan lugar. Eso le da la capacidad de narrar una historia presente como si estuviera prediciéndola desde el pasado. Los escritos hacen uso de un lenguaje altamente simbólico, introducen bestias, ídolos, dragones y otros animales monstruosos para referirse a reyes paganos o a otras naciones. En los escritos apocalípticos suele haber muchos ángeles. Predicen calamidades difíciles de sobrellevar, tales como plagas, enfermedades, guerras, terremotos..., señales de que el fin del mundo está cerca. A menudo describen a Dios como un rey en su trono. Conviene destacar que hablan de una vida eterna, un avance en materia de pensamiento religioso que comienza en el siglo II a.C. y continúa hasta nuestros tiempos.

Repaso

- ✠ ¿Qué dicen los exegetas sobre los autores del libro de Isaías?
- ✠ ¿Qué mensaje común encontramos en los escritos proféticos?
- ✠ ¿Qué es la literatura apocalíptica?

Reflexiones

- ✠ Dios envió profetas en tiempos de conflicto o de peligro. ¿Crees que hoy también hay en el mundo profetas enviados por Dios?
- ✠ ¿Algunos escritos apocalípticos nos hablan del fin del mundo? ¿Cuál es el valor de la literatura apocalíptica?

CAPÍTULO CUATRO

Palestina en tiempos de Jesús

I. EL ENTORNO POLÍTICO Y RELIGIOSO EN TIEMPOS DE JESÚS

Como sucede a menudo con las rebeliones causadas por grandes ideales, las pretensiones de los líderes posteriores se desvían de los nobles ideales que tuvo su iniciador. Después del periodo de los Macabeos la situación comenzó a deteriorarse. Entre los líderes que siguieron a Simón estaba su hijo, Alejandro Janneo, que tomó el poder en el año 113 a.C. Alejandro quería restaurar las antiguas fronteras del reino davídico y convertir a Israel en una nación poderosa. Desafortunadamente, sus aspiraciones lo llevaron a un conflicto con los representantes del pueblo de Israel, así como con los países extranjeros. Muchos pensaban que Alejandro había abandonado los ideales de la rebelión macabea.

Después de la muerte de Alejandro, no estaba muy lejos la pérdida de la independencia del reino judío. La esposa de Alejandro, Alejandra, gobernó durante diez años y aportó cierta estabilidad a la nación judía. A su muerte en el 67 a.C., la nación se dividió, debido a las preferencias en favor de su sucesor. Algunos querían que gobernase el primero de sus hijos, otros preferían al segundo y otros ninguno de los dos. Estas tres facciones enviaron delegaciones a Pompeyo, general romano que en ese momento estaba en Siria. Pompeyo, aprovechando la falta de unidad entre los israelitas, invadió Palestina y la anexionó al imperio romano. La nación había perdido de nuevo su independencia por culpa de sus divisiones internas.

El judaísmo bajo el imperio romano

La invasión romana tuvo lugar sesenta años antes del nacimiento de Jesús. Sus coetáneos habían escuchado historias de Judea como nación independiente y añoraban profundamente el regreso de aquellos tiempos. Algunos creían que Dios intervendría, mientras que otros decían que ellos debían ser los que expulsasen al enemigo de su tierra con el espíritu de la rebelión de los macabeos. Las autoridades romanas estaban en alerta para evitar que alguna persona se hiciese popular y encabezase una posible revuelta. Tenían miedo de que alguien se identificase como el Mesías, pues algunos esperaban un Mesías guerrero que los dirigiría a la victoria y a la libertad, independizándose de cualquier poder extranjero. Jesús evitó que se le considerase el Mesías, no fuera a ser que el poder romano intentase matarlo como había hecho con otros que se habían considerado "mesías" en el pasado.

En el año 40 a.C., Roma nombró a Herodes, el Grande, rey de Samaria y de Judea. Herodes tuvo 'que luchar por el control de su territorio', como sucedió en el 37 a.C. Después de un tiempo se convirtió en rey de casi toda Palestina y de Idumea, ubicada al sur de Judea. Recibió el nombre de "el grande" por la larga duración de su reinado. Sin embargo, incluso como rey, estaba sometido a Roma.

Herodes siguió la pauta de otros grandes reyes de su tiempo, imponiendo la helenización sobre su reino. Esto, junto con los altos impuestos que cobraba, le convirtió en un rey bastante impopular para los judíos. Además venía de Idumea, ni siquiera era de sangre plenamente judía. Herodes restauró la ley y el orden en aquellas tierras y en el año 20 a.C. emprendió una política de ganarse al pueblo judío con favores especiales. Comenzó la reconstrucción del Templo de Jerusalén, proyecto que quedaría terminado mucho después de la muerte y resurrección de Jesús. Se le menciona en la Escritura como rey de Judea en tiempo del nacimiento de Jesús. A su muerte, el emperador de Roma dividió el reino entre sus hijos, que recibieron el nombre de Tetrarcas. Cada uno recibió una parte del reino: Felipe fue nombrado tetrarca de la región del sudeste del mar de Galilea y de la región conocida como Iturea y Traconítide, Herodes Antipas tetrarca de Galilea y Perea, Arquelao tetrarca de Judea e Idumea. Herodes Antipas gobernó durante décadas, mientras que Arquelao se mostró incompetente y perdió su puesto a los diez años. Después de Arquelao siguió una larga lista de procuradores en Judea; el más famoso fue Pilato, procurador durante la pasión y muerte de Jesús.

Cuando nació Jesús, Israel gozaba de libertad religiosa como parte del imperio Romano. El jefe inmediato del pueblo era el Sumo Sacerdote. Dado que la religión unía todos los aspectos de la vida, el Sumo Sacerdote tenía mucha influencia dentro del judaísmo. El poder de este y del resto de las autoridades religiosas judías condujo a diferencias entre los jefes del pueblo y los procuradores.

Los jefes religiosos

Dada la estrecha relación entre religión y vida que constituía el pueblo de Israel, nuestro cuadro estaría incompleto si no echáramos una mirada a los jefes religiosos de Israel. Jesús era un judío devoto que había aprendido, junto con los otros niños de su tiempo, a respetar la religión. A pesar de este respeto, Jesús no justificaba a las autoridades cuando veía que no estaban siendo fieles a su verdadera misión. El pueblo no entraba en conflicto con Jesús, pero sí los líderes religiosos. Incluso los discípulos creían que Jesús se estaba metiendo en problemas a causa de sus conflictos con los jefes religiosos.

Los saduceos

Los saduceos pueden considerarse como el grupo sacerdotal de la época. Eran miembros de la clase sacerdotal, ricos e influyentes, debido a su puesto central en la religión y en la oración. Eran los únicos que servían en el Templo y, al participar en la adoración y los sacrificios, ocupaban el puesto de mediadores entre Dios y los hombres. En ciertas ocasiones entraban en el Santo de los Santos (la zona interna del Templo destinada exclusivamente a la adoración) para ofrecer incienso de parte del pueblo. El sacerdocio se tenía en altísima estima.

Los saduceos, como miembros de la clase sacerdotal, tendían a exagerar la ceremonia y las reglas litúrgicas. Creían que la Torá representaba la Palabra de Dios y se negaban a aceptar cualquier otro libro como parte de la Escritura. Tuvieron conflictos con Jesús por la idea de la resurrección de entre los muertos, pues rechazaban las enseñanzas de Jesús sobre la resurrección (ver Mt 22:23 -33).

Los saduceos apoyaban el poder romano, no porque estuvieran de acuerdo con él, sino porque esa estabilidad y fuerza protegía su autoridad y riqueza. La idea de una rebelión contra los romanos no habría sido bien recibida por ellos.

Los fariseos

Otro grupo influyente, constituido por laicos, era el de los fariseos. Eran personas que leían e interpretaban la Escritura. Los fariseos creían en la Torá y en los escritos de los profetas contenidos en la Escritura judía. Como no reducían la Escritura a la Torá, a menudo se encontraban en desacuerdo con los saduceos. En los Evangelios encontramos a Jesús en desacuerdo con los fariseos.

Muchos creen que el origen de este grupo se remonta a la rebelión de los macabeos, cuando fueron conocidos como los "hasidíes", o los "piadosos". La palabra "fariseos" implica cierto tipo de separación. Si hubiéramos vivido en tiempos de Jesús, tendríamos poca o ninguna formación. Si hubiésemos intentado conversar con la gente culta, nos habrían parecido distantes. El origen de esta separación está marcado por su oficio de interpretar el mensaje de Dios. En tiempos de Jesús el pueblo tenía un miedo reverencial hacia los fariseos.

Aunque la imagen de los fariseos y los saduceos que se ofrece en los Evangelios parece representarles como hombres deseosos de destruir a Jesús, no eran necesariamente así. Buscaban preservar la identidad y la santidad de Israel a través de la observancia fiel de la ley de Moisés. Entre ellos encontramos personas sinceras y dedicadas que deseaban conocer el mensaje de Dios y querían compartirlo con el pueblo.

Los escribas

Había otro tipo de hombres cultos que podían o no pertenecer al partido de los fariseos. En una sociedad donde la mayoría de la gente no sabía leer o escribir, los escribas eran tenidos en alta estima y eran llamados "rabí". Muchos, aunque no todos, pertenecían al partido de los fariseos.

Como sabían leer, se convertían en protectores e intérpretes de la Escritura. Un método común usado para interpretar la Escritura consistía en citar a famosos rabinos del pasado. Los escribas se diferenciaban de Jesús porque Él no citaba a los grandes rabinos, sino más bien enseñaba con su propia autoridad.

El sanedrín

En muchas formas de gobierno existe un grupo dominante, partido o líder de zona que cuenta con un consejo. En el judaísmo, el sanedrín era este consejo. Constaba de setenta y dos miembros tomados de entre los más ancianos de la clase sacerdotal, de los fariseos y de los escribas. El Sumo Sacerdote presidía la asamblea y ocupaba la posición principal. El sanedrín o consejo, como también se le llamaba, gobernaba gran parte de los asuntos diarios del pueblo.

Aunque vivían bajo la ley romana, el sanedrín tenía autoridad para juzgar casos concernientes al judaísmo y a su ley. Obligaban a la comunidad judía a cumplir las leyes y tenían su propia fuerza militar para asegurarse de que el pueblo se adhería a sus mandatos. Los Evangelios, quizás reflejando prejuicios primitivos, centran en el sanedrín la culpabilidad en el juicio y ejecución de Jesucristo.

El Evangelio habla de un hombre llamado José de Arimatea, miembro del sanedrín y discípulo de Jesús, quien aportó una tumba para el cuerpo del Maestro. La mención de su nombre y su preocupación por Jesús muestra que la decisión del sanedrín de matar a Jesús no fue unánime.

Los esenios

Algunos judíos se separaron de la sociedad para entrar en una vida más profunda de unión con Dios; fueron los esenios. Eran un conjunto de sacerdotes y laicos que creían que los israelitas de su tiempo habían abandonado el espíritu de la Escritura. Se alejaban del mundo, al que consideraban demasiado laxo y vivían la disciplina de vida monástica: ponían sus bienes en común, oraban juntos y vivían célibes. Creían que así estarían preparados para cuando llegase el gran día de la salvación.

El líder del grupo, un cierto "maestro de la luz", rechazaba la debilidad que encontraba en la vida diaria del pueblo. Condujo a los esenios a una forma de vida llena de penitencia y oración. Los esenios copiaron la Escritura y escribieron otros manuscritos que dieron a los investigadores la oportunidad de aprender mucho más sobre la nación judía en tiempos de Jesús. Los pergaminos, llamados rollos del Mar Muerto o manuscritos de Qumrán, se encontraron en 1947 en cuevas cercanas al Mar Muerto, en una zona designada con este nombre. Como se mencionó en el primer capítulo, estos manuscritos ofrecieron al mundo una valiosa información sobre la vida de los esenios e importantes descubrimientos de la literatura bíblica.

Los celotes

Cada generación tiene sus fanáticos y terroristas, que están dispuestos a entablar batallas contra los dominadores sin miedo a morir. Dentro del judaísmo, los celotes encajan en esta descripción perfectamente. Eran un grupo radical de judíos que creían que Dios les había dado el derecho de ser independientes y la obligación de luchar por conseguirlo. Sabían que la nación judía no podía descansar mientras un poder extranjero dominara la tierra dada por Dios. Los celotes no formaban un grupo organizado. Eran grupos pequeños de judíos que llevaban a cabo incursiones y ataques repentinos en posiciones estratégicas dentro de Palestina. A mediados del siglo I formaron un ejército que duró poco tiempo y se enfrentaron inútilmente al imperio romano.

El mesías que los celotes esperaban era un mesías guerrero, un rey enviado por Dios para dirigir la nación a su justa independencia. Como

Dios les había dado esa tierra, esperaban que Él les ayudaría a recuperarla de la dominación extranjera. Poco después de la mitad del siglo I una nueva esperanza de libertad se levantó entre los celotes. Una vez organizados, derrotan al procurador y al poder de Siria. Con el entusiasmo disparado por esta victoria, se coordinaron con mucha gente que los apoyaba y se atrevieron a desafiar al gran imperio romano. El espíritu de la rebelión de los macabeos parecía resucitar, pero fue tan débil como los enemigos de los macabeos. En el 66 a.C., un ejército romano entró en Palestina, sitiando el territorio hasta el año 70 a.C., cuando marchó contra Jerusalén y destruyó la ciudad y el Templo.

Con la destrucción del Templo, desaparece la necesidad de ofrecer sacrificios, provocando el final del sacerdocio del Templo (los saduceos). Los celotes habían sido derrotados y, excepto algunas pequeñísimas escaramuzas en las décadas siguientes, también desaparecieron.

Repaso

✠ ¿Cuáles fueron las ventajas y desventajas de que el pueblo judío viviese bajo la ley romana?

✠ Describe los siguientes grupos sociales de la época de Jesús: los saduceos, los fariseos, los escribas, el sanedrín, los esenios y los celotes

Reflexiones

✠ Jesús dijo a sus discípulos que hiciesen seguidores suyos a todas las naciones. ¿Cómo compartes el mensaje del Evangelio en tu entorno?

✠ La religión y el poder eran una sola cosa en tiempos de Jesús. ¿Cómo se relacionan en la actualidad?

✠ Jesús fue capaz de vivir en el entorno pagano de Roma y, sin embargo, permanecer fiel a Dios sin enfrentarse a las autoridades. ¿Cómo deberíamos relacionarnos con nuestros gobiernos, favorables en unos casos y contrarios en otros?

II. Entender el mensaje de la Buena Nueva

Cuando Jesús le preguntó a Pedro quién era Él, Pedro respondió: "Tú eres el Mesías el hijo de Dios vivo" (Mt 16:16). Jesús confirma la respuesta dada por Pedro pero añade que lo había conocido por revelación de Dios. Le vino como don de la fe, no por conocimiento humano.

Jesús el Mesías

La visión del Antiguo Testamento a través de los ojos de la Resurrección da a los cristianos una ventaja: la de entender más fácilmente el verdadero significado de "Mesías". Para los coetáneos de Jesús, sin embargo, ese modo de entender la espera del Mesías, no era algo fácil.

Un nuevo rey y caudillo

Al pueblo de Israel le gustaba mirar hacia atrás, a la época en que había sido una nación fuerte, un reino independiente, que infundía temor en los corazones de las naciones circundantes. El más venerado de todos los reyes de Israel fue David. En los siglos siguientes creían que Dios enviaría a un salvador para liberarlos de la dominación extranjera y que este salvador vendría de la estirpe de David. Sería el Mesías.

Reconocer a Jesús como el Mesías

Después de la resurrección de Jesús, sus discípulos lo reconocieron como el verdadero Mesías y comenzaron a entender la verdadera naturaleza de esa palabra. No se trataba de un guerrero que trae libertad material, sino más bien de un rey espiritual que traía salvación eterna y vida nueva. Esta nueva vida llega a través de la muerte, resurrección y ascensión de Jesús, y es precisamente a través de su muerte y resurrección como Jesús recibe el nombre de Mesías. "Cristo" es una palabra griega para traducir la hebrea "Mesías". Otro término para entender el de Mesías es el de "Ungido". Con toda propiedad, el título de Nuestro Señor es "Jesús, el Cristo".

Al principio, los discípulos no entendían fácilmente el mensaje, pero poco a poco comenzaron a entender que se trataba del Mesías esperado.

Las autoridades romanas mataron a Jesús, igual que lo habían hecho en el pasado con los que se habían proclamado Mesías. La confusión de los discípulos se describe bien en el Evangelio de Lucas, en el conocido pasaje de los discípulos de Emaús; Jesús se acerca, ellos no lo reconocen y le cuentan lo que les sucede:

"'¿Qué pasó?', les preguntó. Le contestaron: '¡Todo el asunto de Jesús Nazareno!'"

Era un profeta poderoso en obras y palabras, reconocido por Dios y por todo el pueblo. Pero nuestros sumos sacerdotes y nuestros jefes renegaron de él, lo hicieron condenar a muerte y clavar en la cruz. Nosotros pensábamos que él sería el que debía libertar a Israel. Sea lo que sea, ya van dos días desde que sucedieron estas cosas.

En realidad, algunas mujeres de nuestro grupo nos han inquietado, pues fueron muy de mañana al sepulcro y, al no hallar su cuerpo, volvieron hablando de una aparición de ángeles que decían que estaba vivo. (Lc 24:19-23)

Con la resurrección, el entendimiento que los discípulos tenían de Jesús cambió drásticamente, derramando una nueva luz sobre su vida, su mensaje y su muerte. La principal consecuencia de esta nueva comprensión fue la expansión del Evangelio.

El Nuevo Testamento no es una biografía de Jesús, una colección de los diarios escritos por sus compañeros y, mucho menos, la creación imaginativa de algunos discípulos escrita después de la resurrección. Es el resultado del esfuerzo de los discípulos por entender, predicar y preservar el mensaje de Jesucristo a la luz de su resurrección. Los discípulos también aprendieron la inimaginable verdad de que Jesús era el Cristo e Hijo de Dios.

El Hijo de Dios

El reconocimiento por parte de la primera Iglesia de la divinidad de Jesús se desarrolló gradualmente. Cuanto más tiempo pasó entre la muerte y la resurrección de Jesucristo, y la redacción de cada uno de los discípulos, la presentación y el entendimiento de la divinidad de Jesús aparece más elaborada. El Evangelio de Juan, escrito al final del primer siglo, tiene mucho más desarrollada la divinidad de Jesús que los Evangelios de Marcos,

Mateo y Lucas, escritos unos veinte o treinta años antes. Juan presenta su Evangelio identificando a Jesús como la "Palabra" que existía antes de la Creación del mundo y escribe: "Al principio existía la Palabra y la Palabra estaba junto a Dios, y la Palabra era Dios " (Jn 1:1).

Los primeros cristianos predicaban que Jesucristo es hijo de Dios y uno con el Padre. El apóstol Pablo, revela que Jesús es Dios cuando escribe "Él es imagen del Dios invisible, primogénito de toda la creación, pues por él fue creado todo, en el cielo y en la tierra: lo visible y lo invisible, majestades, señoríos, autoridades y potestades" (Col 1:15 -16). Cuando Felipe pide a Jesús que le muestre al Padre, pidiendo en otras palabras que les mostrase a Dios, Jesús le responde "Quien me ha visto a mí, ha visto al Padre" (Jn 14:9). Cuando Jesús sale del agua después de ser bautizado por Juan Bautista, una voz del cielo proclama: "Tú eres mi Hijo querido, mi predilecto" (Mc 1:11). Los primeros discípulos aceptaron la fe en la divinidad de Jesús después de su resurrección, es decir, al reflexionar en su vida y en su mensaje.

Desarrollar el mensaje de la Buena Nueva

En el Evangelio de Marcos se describe a los discípulos como hombres tardos para entender a Jesús. Incluso después de presenciar sus milagros, los discípulos no entendían. En cierto momento, Jesús les manifestó su frustración: "Entonces les dijo: — ¿Todavía no comprenden?" (Mc 8:21). Cuando fue arrestado en el Huerto de Getsemaní "y todos lo abandonaron y huyeron" (Mc 14:50). Si conociéramos solo lo que los discípulos sabían en aquel momento, nos habríamos espantado y nos habríamos sumado al grupo de gente que salió huyendo.

Una vez que los discípulos se dieron cuenta de que realmente Jesús había resucitado de entre los muertos, tuvieron que hacer una seria reflexión. El día en que Jesús ascendió, los discípulos volvieron al Cenáculo donde reflexionaron día tras día los hechos que habían sucedido. Podemos imaginarlos enfrascados en una discusión, caminando por aquella habitación, recordando las palabras de Jesús, tratando de ponerlas todas juntas en sus mentes y en sus corazones.

Finalmente, en Pentecostés, bajo la acción del Espíritu Santo, las piezas comenzaron a encajar. El mensaje y la persona de Jesucristo comenzaron a tener un significado más profundo para los discípulos. Ahora entendían. Y una vez que lo hicieron, estuvieron preparados para transmitir el Evangelio a los demás. Cuando abandonaron ese lugar, no podían darse cuenta de que estaban a punto de desatar un mensaje que cambiaría las vidas de millones y millones de personas durante los siglos que estaban por venir.

La clave para comprender a Jesús y su mensaje estaba en la resurrección. Una vez que entendieron que Jesús había resucitado, tal como lo había anunciado, de repente se convirtieron en personas que acababan de completar el rompecabezas, poniendo la última pieza en su lugar. Cuando reflexionaban el mensaje de Jesús, volvían la mirada atrás, a través de los ojos de la resurrección, para ver y entender el significado de su vida y de su palabra. Después de que Jesús había resucitado de entre los muertos, todo se veía distinto. Los discípulos recordaron su mensaje, las promesas que Dios había hecho al pueblo elegido de Israel y entendieron las promesas del Antiguo Testamento de una manera que jamás habían soñado. Ahora estaban preparados para compartir el mensaje de Jesús con todo el mundo. En ese momento, el Nuevo Testamento aún no existía, pero la predicación del Evangelio y la vida de Jesús encontrarían su propio modo de quedar plasmados por escrito.

Predicar a todas las naciones

La experiencia de predicar el Evangelio de Jesucristo comenzó en la tierra de Judea. Los primeros seguidores de Jesús entraron en las sinagogas y predicaron sobre Jesucristo, el hijo de Dios, quien cumplió las promesas que el Señor había hecho a Israel. Para su sorpresa, comenzaron a darse cuenta de que aquellos que creían en Jesús como el Cristo no eran bien recibidos en las sinagogas. Esperaban que los judíos reconocerían a Jesús como el Cristo y se convertirían a Él. Era el pueblo elegido y los profetas habían hablado del Mesías que había de llegar. Los primeros discípulos no pensaron en comenzar una nueva religión. Se referían a ellos mismos como "el camino", significando un nuevo camino para el pueblo de Israel construido dentro del antiguo. Ahora que la promesa de la llegada del Mesías se había cumplido, los judíos debían reconocerla.

La conversión de los gentiles

Algunos discípulos llevaron el Evangelio fuera de Palestina y comenzaron a predicarlo a los paganos a quienes los judíos llamaban "gentiles". Un gentil era cualquier hombre o mujer que no perteneciese a la nación judía. Los judíos miraban por encima del hombro a los gentiles, se referían a ellos de una manera despectiva llamándolos con el nombre de un animal de poco valor. Para ellos, los gentiles eran paganos que no tenían el don de la ley mosaica para guiarlos y, a menudo, adoraban muchos dioses. Para su sorpresa, un gran número de gentiles aceptó el Evangelio de Jesucristo y muchos se hicieron cristianos.

Apóstol de los gentiles

Pablo fue el gran apóstol de los gentiles. Uno de los primeros conflictos internos del cristianismo tuvo que ver con el problema de la carga que representaba para los gentiles la ley judía, tal como se encontraba estipulada en el Pentateuco. Pablo creía que Jesucristo había superado muchas prescripciones de la ley judía, mientras otros creían que el cristianismo, por sus profundas raíces en el judaísmo, debía continuar cumpliendo esas prescripciones. A mediados del siglo I d.C., la Iglesia reunida en Jerusalén declaró que los gentiles estaban exentos de vivir las prescripciones judías. Posteriormente esto sería llamado el primer Concilio de Jerusalén. Se abría el camino a una labor aún más grande entre los gentiles.

A lo largo del Antiguo Testamento, muchos israelitas habían esperado la llegada del Mesías. Las promesas que Dios había hecho mantuvieron viva la esperanza de que pronto llegaría la salvación. Para aquellos que aceptaron a Cristo, la promesa se había cumplido. Pero con la decisión tomada en Jerusalén que liberaba de las tradiciones judías a los nuevos conversos, quizá pensaron que todo estaba perdido. La casa se había abierto para los extranjeros. Los judíos conversos al cristianismo se opusieron a la doctrina que dejaba de lado sus tradiciones judías. Hoy los cristianos dan por supuesto que nuestras tradiciones y costumbres son diferentes de las de la religión judía. Si Pablo no hubiera luchado por el bien de los gentiles, quizá seguiríamos practicando las tradiciones judías. Pablo sufrió mucho por culpa de los judaizantes, que eran quienes no coincidían con el Concilio de Jerusalén. Los judaizantes exigían a los judíos conversos a Cristo el estricto cumplimiento de las leyes y costumbres judías. Minaron el trabajo de Pablo hasta tal punto que no fue escuchado por las comunidades judías. Gracias a la perseverancia de Pablo, el cristianismo se había alimentado de diferentes tradiciones, algunas estrechamente ligadas al judaísmo, otras no.

Pablo y otros discípulos de su tiempo, durante sus viajes misioneros, entraban a los pueblos y ciudades y establecían una comunidad cristiana, conocida como iglesia. Aunque a menudo usamos este término para referirnos al edificio, "iglesia" significa comunidad o asamblea de personas. Por el Bautismo formamos parte de la Iglesia. Una vez que los discípulos habían establecido una comunidad se trasladaban a otro lugar y hacían lo mismo.

El canon del Nuevo Testamento

Un grupo de estudiantes sonrió cuando su maestro les explicó que, durante un tiempo, se creyó que la tierra era plana. Estos niños, como nosotros, habían aprendido desde pequeños que la tierra era redonda y lo aceptaban como evidente. Pensar de otra manera parecería ridículo.

Conocemos muchas cosas que han "crecido" con nosotros. Para muchos cristianos, uno de estos datos es que existe el Nuevo Testamento, inspirado por Dios y compuesto por unos libros muy específicos. Quizá no nos sepamos la lista de memoria, pero sabemos que están ahí, muy bien ordenados, en las páginas de la Biblia. Para nosotros esos libros pertenecen al Nuevo Testamento con la misma certeza con la que decimos que la tierra es redonda.

Igual que había que demostrar que la tierra era redonda, la primera Iglesia tuvo que probar, definir, qué libros pertenecían al Nuevo Testamento. Muchos escribieron la vida y el mensaje de Cristo en un libro o una carta; unos reflejaban la enseñanza de la Iglesia, mientras que otros estaban marcados por influencias ajenas y contrarias a la Buena Nueva. Bajo la guía del Espíritu Santo, miembros de la primera comunidad comenzaron a usar ciertos libros o cartas mientras rechazaban otros. Los mismos autores nunca se dieron cuenta de que habían escrito libros inspirados. Sin embargo, los primeros cristianos comenzaron a considerar esos libros como "Escritura cristiana".

A finales del siglo primero, ya estaban escritos casi todos los libros del Nuevo Testamento y a finales del siglo segundo la mayoría eran ampliamente aceptados como libros sagrados, escritos bajo la inspiración del Espíritu Santo. A mediados del siglo segundo, los cristianos comenzaron a citar el Nuevo Testamento dándole la misma autoridad que al Antiguo. No fue sino hasta la mitad del siglo VI cuando se aceptó unánimemente la lista de libros que forman la "Escritura cristiana".

En el siglo XVI, el concilio de Trento estableció el canon oficial del Nuevo Testamento; consta de 27 libros: los cuatro Evangelios, los Hechos de los apóstoles, 21 cartas y el libro del Apocalipsis. Al leer el Nuevo Testamento quizá no nos damos cuenta del esfuerzo realizado para definir con certeza estos libros como inspirados, con la garantía de que son Palabra de Dios; esta seguridad no se debía dar por supuesta.

Las fiestas judías

Como cristianos, celebramos ciertas festividades que nos recuerdan hechos de la vida de Jesús, por ejemplo, las fiestas de Navidad y Pascua. Como ciudadanos de Estados Unidos también tenemos otros días de fiesta importantes. Por ejemplo, el 4 de julio celebramos el Día de la Independencia. Dado que en Israel la religión estaba estrechamente relacionada con la vida diaria, sus fiestas nacionales eran fiestas religiosas. Traían a la memoria hechos acontecidos en la historia de Israel, recordando el papel que Dios había desempeñado.

La Pascua

Una de las principales fiestas dentro del judaísmo es la fiesta de Pascua. Esta celebración conmemora cómo Dios liberó a los israelitas de la esclavitud de Egipto. Ese día, el pueblo llevaba un cordero al Templo para ser sacrificado por los sacerdotes, recordando la historia de los israelitas, quienes, la víspera de salir de Egipto, sacrificaron un cordero y pintaron con su sangre las entradas de sus casas. El ángel de la muerte pasó de largo por aquellas casas marcadas con la sangre y entró en todas las demás matando a los primogénitos de los egipcios. Todavía hoy los israelitas se reúnen en una cena especial durante la noche de Pascua, recordando cómo Dios los libró de la esclavitud y los condujo hacia la Tierra Prometida y a la libertad.

Pentecostés

Otra fiesta importante para el judaísmo era la de Pentecostés. Se conmemora el día en el que los israelitas, cincuenta días después de la salida de Egipto, recibieron la ley de Dios por medio de Moisés en el monte Sinaí. Pentecostés viene de una palabra griega que significa cincuenta. Esta fiesta también está relacionada con la "fiesta de las semanas" en la cual se celebra la temporada de cosecha.

Janucá y otras festividades

El Janucá, que conmemora la reedificación del Templo realizada por Judas Macabeo y el año nuevo judío, el "día del arrepentimiento" (Yom Kipur) y "la fiesta de los tabernáculos", tuvieron también gran importancia. El día del arrepentimiento, el pueblo se purificaba de sus pecados a través del ayuno, los baños rituales, la oración y los sacrificios en el Templo. La fiesta de los Tabernáculos recordaba el momento en que los israelitas colocaron sus tiendas (tabernáculos) en el desierto.

Repaso

- ✠ ¿Cómo llegaron los discípulos a la conclusión de que Jesús era el Mesías prometido?
- ✠ ¿Quiénes eran los judaizantes y los gentiles, y qué problemas relacionados con ellos hubo en la Iglesia?
- ✠ ¿Cómo se desarrolla el canon del Nuevo Testamento?
- ✠ Cita las principales fiestas del judaísmo.

Reflexiones

✠ Cuando Pedro declara que Jesús es el Cristo, el Maestro le respondió que había recibido ese conocimiento como don de la fe. ¿Qué dones de fe has recibido tú?

✠ La resurrección de Jesús ayudó a los discípulos a entender el mensaje de su vida. ¿Cómo afecta a tu vida el conocimiento de Jesús como Cristo e Hijo de Dios?

✠ El Nuevo Testamento nos ilumina para entender la vida y el mensaje de Jesucristo. ¿Cómo puede ayudarte el Nuevo Testamento, palabra inspirada por Dios, para entender la relación que Dios tiene con toda su Creación?

CAPÍTULO CINCO

El mundo del autor

I. ESCRIBIR EL NUEVO TESTAMENTO

Cuando Pablo no podía volver a visitar a las comunidades que había fundado, les escribía una carta que les enviaba con alguno de sus compañeros. Las cartas de Pablo muestran el cariño de un fundador. Como un padre ama a su hijo, así amaba a las comunidades que había fundado. Las animaba, las reprendía, las instruía y las prevenía contra los falsos profetas. En alguna ocasión, como es el caso de la carta a los Romanos, Pablo escribía a una comunidad fundada por otro, pero se trataba de una comunidad que ansiaba visitar.

Cartas (epístolas)

Las cartas de Pablo figuran entre los primeros textos del Nuevo Testamento. Escribió sus primeras cartas unos veinte años después de la resurrección de Jesús. Tenía secretarios que escribían sus cartas mientras él las dictaba, y que aparecen mencionados en las mismas. Las cartas de Pablo, así como las cartas de Santiago, Pedro, Juan y Judas forman la colección de las cartas del Nuevo Testamento.

Había también otra costumbre de la Iglesia primitiva, que hoy consideraríamos ilegal: un autor podía usar el nombre de alguna figura reconocida para darle más autoridad a su carta. Aunque muchas cartas del Nuevo Testamento se le atribuyen a Pablo, no todas las escribió él. Un autor podía emplear el nombre de Pablo en una carta si consideraba que esta reflejaba su pensamiento. Cuando Pablo y otros discípulos escribieron las cartas que encontramos en el Nuevo Testamento, no imaginaban que se convertirían en parte de lo que hemos llamado Nuevo Testamento. Escribían cada carta con la esperanza de ayudar a la comunidad para la cual la redactaban.

Existen 21 cartas en el Nuevo Testamento, aunque algunas no sean cartas propiamente dichas, sino más bien sermones o tratados sobre algunos temas específicos. Independientemente del nombre, estas cartas forman parte del Nuevo Testamento.

Las cartas contienen el nombre de la comunidad o persona a la cual están dirigidas, aunque hay ciertas dudas sobre la verdadera identidad de aquellos que las recibían. Los cartas o epístolas son: Romanos, primera y segunda a los Corintios, Gálatas, Efesios, Filipenses, Colosenses, primera y segunda a los Tesalonicenses, primera y segunda a Timoteo, Tito y Filemón. Las cartas que no se atribuyen a Pablo llevan el nombre de los apóstoles o autores a quienes se les atribuyen, aunque hay dudas sobre su verdadera autoría. Son Santiago, primera y segunda de Pedro, Judas y primera, segunda y tercera de Juan. El autor de la carta a los Hebreos es desconocido.

Los Evangelios

A medida que iban creciendo las actividades misioneras a lo largo y ancho del mundo, se hizo necesario contar con un texto escrito sobre Jesucristo. Las personas que habían convivido con Jesús empezaban a morir y era necesario preservar la Buena Nueva antes de que muriese el último testigo de la vida de Jesús. A medida que el Evangelio se iba extendiendo más allá de la tierra donde había nacido y llegaba a territorios ajenos a los usos y costumbres judías, crecía el interés por proteger sus raíces. El cristianismo, como el judaísmo, es una religión que había desarrollado una historia, una historia que tenía que preservarse.

Más de treinta y cinco años después de la resurrección de Jesús, un autor identificado como Marcos escribió el primer Evangelio. El autor debió haber sido una persona única. Para escribir el Evangelio, tuvo que inventar un nuevo tipo de de literatura. Hasta que Marcos escribió el Evangelio de Jesús, nadie había desarrollado el género literario llamado evangelio.

El autor de este Evangelio reunió algunas de las historias de la vida de Jesús, sus palabras, los relatos de sus milagros y la narración de su Pasión, y los presentó de una manera ordenada. No escribió una biografía en el sentido estricto de la palabra, sino el resultado de una reflexión de la comunidad primitiva cristiana sobre la vida de Jesús. La preocupación de Marcos era presentar una relación exacta del ministerio diario de Jesús, sino en presentar su mensaje, o sea, el significado de su vida, de su persona y de sus enseñanzas.

Algunos autores coinciden en afirmar que Mateo y Lucas emplearon el texto de Marcos como una base para sus propios Evangelios, al que agregaron otras fuentes. Estos autores escribieron más de cincuenta años después de la resurrección de Jesús. Finalmente, un autor identificado como Juan escribe el último Evangelio casi setenta años después de la Resurrección. Como en el caso de las cartas de Pablo, ninguno de estos autores era consciente de que sus escritos se convertirían en parte de la Escritura Cristiana.

Los Hechos de los Apóstoles

Los Hechos de los Apóstoles cuentan la vida de la Iglesia primitiva y cómo sus miembros compartían el mensaje de Jesús. El libro describe los primeros esfuerzos de la comunidad por entender su propia identidad. Narra las actividades misioneras de apóstoles tan importantes como Pedro y Pablo. Este libro tiene valor no solo por contarnos la vida de la primera Iglesia después de la resurrección y la ascensión de Jesús, sino también por reflejar cómo Jesús seguía obrando por medio de sus discípulos. En la estructura actual del Nuevo Testamento, el libro de los Hechos aparece inmediatamente después de los Evangelios.

Este libro acentúa la actividad del Espíritu Santo en la vida de la Iglesia. En la fiesta judía de Pentecostés, los judíos acudían en masa a Jerusalén, provenientes de todos los rincones del imperio romano. En una narración dramática, los Hechos de los Apóstoles narran un acontecimiento que sacudió al mundo conocido: la venida del Espíritu Santo sobre los apóstoles. El autor de los Hechos describe una efusión visible del Espíritu Santo sobre los apóstoles en forma de lenguas de fuego que se posaron sobre cada uno de ellos. El impacto del don del Espíritu Santo fue tan intenso que, de inmediato, los lanzó a enfrentarse a los mismos que habían matado a Jesús. La acción del Espíritu Santo hace capaz a una persona no solo de predicar el Evangelio, sino también de abrir los corazones y las mentes de los que escuchan para entender su mensaje. Después del primer día de la predicación de Pedro, según relatan los Hechos de los Apóstoles: "Los que aceptaron sus palabras se bautizaron y aquel día se incorporaron unas tres mil personas" (Hch 2:41).

El libro del Apocalipsis

El libro del Apocalipsis contiene mensajes para los cristianos que padecían persecuciones con la intención de animarlos a permanecer firmes en medio del sufrimiento y del mal. Quienes conocían el Antiguo Testamento podían reconocer el lenguaje apocalíptico por los términos y las imágenes empleadas. Se trata de un tipo de literatura que le resultaba familiar a los primeros cristianos, pero confusa para la mente romana. El libro del Apocalipsis emplea ese lenguaje simbólico que encontramos en las obras apocalípticas del Antiguo Testamento y en otras obras judaicas de los siglos cercanos a la venida de Jesús.

El libro del Apocalipsis o Revelación recibe este nombre por su estilo y contenido: el mal tiene poder solamente mientras Dios lo permite, pero al final será derrotado y el bien triunfará. El Apocalipsis comienza con un texto en forma de carta pero de inmediato pasa al estilo apocalíptico que los primeros cristianos entendían, pero no sus perseguidores. El libro del Apocalipsis es el último libro que encontramos en el Nuevo Testamento.

El contexto cultural y político

Cuando se quiere comprender los acontecimientos importantes de la historia -por ejemplo, la Reforma Protestante- primero se debe entender cómo era el mundo en ese momento, en este caso, el siglo XVI.

Si la situación histórica de este siglo fuera la misma que la actual, tendríamos, quizá, una idea distinta del tema. Eso mismo sucede con el Nuevo Testamento. Si se hubiera escrito hoy, seguramente tendríamos un tipo de libro muy distinto del escrito por los autores del siglo I. De la misma manera, si el Nuevo Testamento hubiera sido predicado o escrito cuatro siglos antes, su expansión por el mundo hubiera requerido más tiempo. El contexto cultural, condicionado por la historia, tuvo gran influencia en la expansión del Nuevo Testamento.

La lengua griega

Antes de que los discípulos comenzaran a hablar de Cristo en otros países, tendrían que haber aprendido sus lenguas. Cuando se escribieron los libros del Nuevo Testamento, muchos hablaban griego. Gracias al celo de Alejandro Magno, la lengua griega se había convertido en lengua común en todo el imperio. Incluso bajo la dominación de Roma "el mundo" siguió hablando griego.

En los primeros tiempos de la acción misionera, los discípulos podían entrar en un poblado y comenzar su enseñanza hablando griego. La Escritura judía había sido traducida al griego siglos antes y la mayoría de los judíos fuera de Jerusalén tenía más familiaridad con la Escritura griega, la Septuaginta, que con la versión hebrea. Esta situación permitía a los discípulos citar fragmentos del Antiguo Testamento en una lengua conocida y familiar para todos, con las ventajas que esto representa para comprender cómo Jesús da plenitud a la promesa contenida en el Antiguo Testamento.

Los escritos del Nuevo Testamento se extendieron rápidamente, pues estaban en griego, lengua común, sobre todo fuera de Jerusalén. Muchos judíos que vivían fuera de la Ciudad Santa desde la Exilio se convirtieron en el objetivo principal de la predicación cristiana. Sin la lengua griega, es difícil entender cómo se extendió tan rápido el cristianismo

La estabilidad del imperio

Con la mayoría del mundo conocido bajo la dominación romana, viajar era menos peligroso, las patrullas romanas vigilaban los caminos y los mares. Roma había construido calzadas para facilitar los transportes. Los cristianos podían moverse fácilmente de una ciudad a otra para predicar la Buena Nueva. Los mercaderes y los cambistas que se hicieron cristianos se convirtieron, por lo mismo, en evangelizadores, pues daban a conocer el Evangelio de Jesús a la vez que desempeñaban sus negocios en grandes zonas geográficas. Todos estaban siempre ansiosos de escuchar noticias de otros lugares y los comerciantes eran los más indicados para transmitir esas noticias.

Persecución

La persecución fue un elemento importante en la expansión del cristianismo. Cuando los romanos y los judíos comenzaron a perseguir a los primeros cristianos, muchos se vieron obligados a huir a otras regiones fuera de Judea llevando también su fe. Una persecución anterior por parte de los jefes religiosos de Jerusalén obligó a los conversos que hablaban griego a huir a tierras como Samaria e incluso más al Norte, a Antioquía. Al hacer esto, tuvieron mayor contacto con los gentiles, que aceptaron la fe en Cristo con más facilidad que los judíos ortodoxos, quienes creían que los cristianos contaminaban el judaísmo y eran la causa de que Dios castigara a Israel.

Con la destrucción del Templo de Jerusalén, el cristianismo tenía que separarse del todo del judaísmo. Por entonces, muchos gentiles se habían convertido al cristianismo y su cercanía a la Ciudad Santa no era tan importante como para los judíos conversos. Cuando la ciudad fue destruida, el cristianismo se independizó aún más del judaísmo y comenzó a ser visto como una religión distinta. Sin estos nexos con la Ciudad Santa y el Templo, el cristianismo se movió aún más hacia el mundo de los gentiles.

Cuando los exegetas estudian la Biblia, no solo se fijan en el material actual. También intentan descubrir el material original del autor: qué hizo el autor con el material y por qué un autor presenta el mismo material de manera distinta. Miran, en otras palabras, el "mundo del autor" para entender mejor el material original. Los resultados de estos estudios se pueden organizar en tres grandes grupos:

— Crítica de la redacción;
— Crítica de la forma;
— Crítica de la fuente;
— Crítica de la redacción.

Antes de que alguien escriba un libro, debe reunir el material para ello. Después concreta los destinatarios del libro e identifica su objetivo. Estos dos factores determinan el tipo de libro. Algunos, por ejemplo, son una adaptación de fuentes recopiladas para presentar un mensaje específico a un determinado público. El proceso que prepara las fuentes para una publicación se llama "redacción". Redactar, en este sentido, significa editar o preparar una publicación. La crítica de la redacción es el estudio del proceso empleado por los autores en la preparación de un material que está por publicarse.

Enseñar un mensaje

El valor de la crítica de la redacción consiste en que nos ayuda a entender mejor las enseñanzas que los autores quieren transmitir usando sus fuentes de una manera particular. Por ejemplo, Mateo describe a Jesús en la montaña cuando predica las Bienaventuranzas (Mt 5:1), mientras que Lucas le sitúa bajando de la montaña, en una llanura (Lc 6:17). Del contexto del Evangelio de Mateo, podemos aprender que el autor adaptó su material para mostrar la relación entre el pueblo de Israel y los seguidores de Jesús. Como Dios había dado la ley al pueblo de Israel en la montaña, de la misma manera Jesús da una nueva ley a sus seguidores, el nuevo Israel, en la montaña. Conociendo cómo un evangelista, por ejemplo Mateo, emplea su material, podemos entender mejor el mensaje que quiere transmitir.

Los hechos de la vida de Jesús

La crítica de la redacción también reconoce que los autores no eran simples editores que ordenaron su material en una perspectiva histórica. Eran también teólogos que amoldaban el material de acuerdo con el mensaje que querían transmitir. Aunque hubieran querido escribir una biografía sobre Jesús, no podrían haberlo hecho. Sus fuentes provenían de muchos sitios, sobre todo de las primeras predicaciones y no tanto de testigos presenciales de la vida de Jesús. Querían escribir sobre Jesucristo, el Hijo de Dios, que había resucitado de entre los muertos.

Afirmar que los evangelistas no escribieron una biografía no implica que inventaron los hechos de la vida de Jesús. Esos hechos forman parte de la base que tienen los Evangelios, aunque puede que no hayan sucedido en ese orden y con los detalles exactos que se exponen. Podemos aprender mucho de la vida de Jesús a partir de los Evangelios.

Los destinatarios

El público para el cual se escribieron los Evangelios también influyó en su redacción. ¿Cuáles eran las necesidades, preguntas, inquietudes de ese público? El autor del Evangelio de Mateo, por ejemplo, escribía a judíos convertidos al cristianismo. Por esto presenta a Jesús como el cumplimiento de las promesas del Antiguo Testamento, promesas que eran familiares a un público judío. El autor del Evangelio de Marcos, escrito pensando en un público diferente, no da la misma importancia al Antiguo Testamento. El conocimiento de los destinatarios nos ayuda a entender el mensaje que el autor quería transmitir.

La situación de la Iglesia

Otra influencia que experimentaron los evangelistas fue la situación de la Iglesia en ese momento concreto. ¿Qué influjos de dentro y de fuera de la Iglesia afectaban a sus destinatarios cuando se estaba escribiendo el Evangelio? Si escribiéramos un libro para ayudar a los habitantes de Estados Unidos a vivir una vida mejor, sería muy diferente hoy que hace cincuenta años. Los destinatarios para los que escriben viven en un momento determinado de la historia y su situación afectaba profundamente el mensaje que quieren escuchar.

En resumen, los evangelistas emplearon los hechos de la vida de Jesús y los métodos de predicación de la Iglesia primitiva. El público para el que escribieron y la situación en la que se encontraba la Iglesia en aquel momento influyeron mucho en la redacción del Evangelio. Este conocimiento de las fuentes y de las influencias que produjo la versión final de los Evangelios nos ayuda a entender el mensaje del autor con mayor precisión. Este es el valor de la crítica de la redacción.

Repaso

- ✠ ¿Qué importancia tienen las cartas del Nuevo Testamento, y cuántas puedes nombrar?
- ✠ ¿Qué quiere decir que los Evangelios no son biografías de Jesús?
- ✠ ¿Cómo ayudaron a la Iglesia primitiva la lengua griega y la estabilidad del Imperio Romano?
- ✠ ¿Qué es la crítica de la redacción y por qué es importante?

Reflexiones

- ✠ Los Evangelios son el fruto de una reflexión de la fe que hizo la Iglesia primitiva sobre la vida y el mensaje de Jesús. ¿Cómo te ayuda este conocimiento en tu desarrollo espiritual?
- ✠ La lengua común y las condiciones de los viajes ayudaron a que el cristianismo se extendiese más rápido. ¿Crees que el cristianismo se habría extendido tan rápido en nuestros días, en las condiciones en que vivimos actualmente?
- ✠ Los evangelistas estaban influidos por los hechos de la vida de Jesús, las circunstancias de la Iglesia en el tiempo en el que escribieron y el público para el que escribieron. ¿Afecta esto a nuestra interpretación actual de los Evangelios?

II. LAS FUENTES DEL NUEVO TESTAMENTO

Cuando leemos la necrología de alguien que murió hace poco, esperamos encontrar información sobre las cualidades de aquella persona y de sus seres queridos. La necrología es un estilo de escritura empleado para resumir las cualidades y logros de una persona. Quien la redacta debe haber llamado a los correspondientes parientes y preguntarles dónde trabajó "papá" después de graduarse. Alguien puede no estar de acuerdo con uno de los lugares mencionados y preguntar cuál es la fuente de esta información. En las necrologías encontramos un estilo de literatura concreto y una necesidad de fuentes. Los escritos del Nuevo Testamento requieren también de ambas cosas.

Crítica de la forma

Cuando leemos el periódico, inmediatamente identificamos el tipo específico de escrito que estamos leyendo. Sabemos que la primera página nos dice lo qué está pasando en el mundo. Si leemos en la primera página que una pandilla destrozó a una persona como resultado de una pelea, interpretaremos esto como mala noticia. Cuando leemos un anuncio en la segunda página sobre una píldora milagrosa que nos curará de la artritis, sabemos que los anuncios hacen afirmaciones exageradas y no corremos a comprar la píldora. Cuando leemos en la página de deportes que un equipo "destrozó a otro" no esperamos que el equipo vencedor sea arrestado por violencia. "Destrozar" tiene un significado diferente en la sección de deportes que en la primera página. Todos estos textos están compuestos y redactados con diferentes estilos. Nadie nos tiene que enseñar cómo interpretar cada uno de ellos. Automáticamente nos adaptamos. Cuando leemos, en una cultura como la nuestra, escritos redactados hace muchos siglos podemos caer en el error de creer que ese estilo es el mismo que empleamos hoy. La Sagrada Escritura está compuesta por poemas, himnos, cartas, proverbios sabios, milagros y mitos. Por lo tanto, el estudio que desarrollan los exegetas de la Escritura trata de identificar estas distintas formas y su función recibe el nombre de "crítica de la forma".

En nuestro estudio del Nuevo Testamento debemos ir más allá de la palabra escrita y llegar al mensaje predicado antes. Mencionamos antes que el mensaje de la Buena Nueva se expresa en distintas categorías cuyas características se emplearon para predicar un mensaje común. El nombre dado por los exegetas a un grupo de versículos con una categoría o género literario concreto es "perícopa". Entre estos grupos están las máximas, los dichos de Jesús, las parábolas, los milagros y las historias. Estas categorías agrupan las formas específicas usadas en la predicación del Evangelio. Otra expresión usada al hablar de "predicación" es la de "tradición oral".

Máximas

Cuando deseamos hacer una afirmación importante, podemos usar varios métodos para llamar la atención. Podemos decir que tenemos algo importante que transmitir. Podemos gritar o levantar la voz cuando llegamos a ese punto o también podemos ilustrar la enseñanza con una historia interesante. La máxima emplea este último método. Es una narración corta que tiene como objetivo presentar una frase relevante. La narración consiste a menudo en una historia cargada de antagonismo construida sobre una afirmación importante. Con frecuencia, el mensaje es lo suficientemente general para utilizar en más de una historia o situación.

Un ejemplo de máxima se encuentra en el evangelio de Marcos (2:23-28), cuando el autor dice que los discípulos de Jesús desgranaban trigo en sábado. El Sabbat era el día sagrado para los judíos quienes tenían reglas estrictas sobre el trabajo en aquel día. Cuando los fariseos ven a los discípulos desgranando espigas, el Sabbat, se quejan a Jesús porque están trabajando el sábado. Jesús les responde con la máxima de que el sábado se hizo para el hombre, y no el hombre para el sábado (Mc 2:27).

Dichos de Jesús

Cuando citamos a alguien mucho, omitimos los hechos que rodean la frase citada. Nos interesa lo que la persona dijo, no los hechos. Cuando hablamos de "los dichos de Jesús", nos referimos a una colección de dichos que no están situados en ningún contexto narrativo concreto. Son simplemente citas, frases de Jesús.

Los cristianos de los primeros tiempos tenían colecciones de estos dichos de Jesús. Muchos eran frases sueltas que agrupaban según ciertos temas. Un ejemplo de esos dichos puestos juntos se puede encontrar en Marcos (8:34-38), donde Jesús invita a quien quiera seguirlo a negarse a sí mismo y a tomar su cruz. A continuación afirma la vanidad de ganar todo el mundo si se pierde el alma. Y después habla sobre lo que espera a quien se avergüenza de Él. Cada una de estas frases es un dicho, probablemente pronunciado en diferentes ocasiones pero que el evangelista pone juntos, aprovechando que tratan un mismo tema. Otro ejemplo lo encontramos en el Evangelio de Mateo donde el autor reúne numerosos dichos y les da forma en el Sermón de la Montaña (capítulos 5 -7). Estos capítulos muestran un modo de recoger los dichos de Jesús.

Las parábolas

La mejor manera de enseñar una lección a un público que no tiene libros es contar una historia. El tema de la historia se convierte en la lección que la persona desea enseñar. Cuando hablamos de "parábola" nos referimos a las historias que Jesús contaba. En ellas, hacía comparaciones con experiencias de la vida de quienes lo escuchaban. Cuando quería hablar del Reino de los Cielos, lo comparaba con algo familiar, por ejemplo, decía que el Reino de los Cielos era como "una semilla de mostaza: cuando se siembra en tierra es la más pequeña de las semillas" (Mc 4:31). Después contaba su historia. Una parábola podía narrar una historia larga, como la parábola del hijo que malgastó su herencia y después regresó a la casa del padre misericordioso (Lc 15:11-32), o podía ser tan corta como esas pocas líneas que hablan de la persona que pone el vino nuevo en odres nuevos (Mc 2:22)

Una parábola es una historia con un solo tema y con un solo mensaje. La enseñanza de una parábola suele venir resumida al final. Jesús le añadía finales inesperados a sus parábolas para que resultasen más eficaces. Las historias tenían algunos elementos llamativos y hacían poner más atención a quienes las escuchaban. ¿Qué pastor dejaría solas a noventa y nueve ovejas expuestas a posibles ataques de lobos solo para salvar a una? ¿Qué padre perdonaría a un hijo que se ha aprovechado de los bienes de la familia? El uso de parábolas para transmitir un mensaje procede del Antiguo Testamento y era familiar a aquellos que conocían las tradiciones del Antiguo Testamento.

La alegoría

Cuando el mensaje de Jesús comenzó a extenderse fuera de Palestina, las parábolas se volvieron gradualmente alegorías. Una parábola tiene un único mensaje que normalmente se explica al final, una alegoría da significado a cada detalle de la historia. Cuando Jesús cuenta la historia del sembrador que salió a sembrar, desarrolla la historia a través de los hechos: las semillas caen entre espinas, entre piedras o en el camino. La semilla que cayó en tierra buena da incontables frutos. El mensaje que Jesús quería transmitir en esta parábola era que aquellos que aceptan la Palabra de Dios en sus vidas producirán cosechas abundantes. Durante la predicación de la Iglesia primitiva, esta parábola se fue convirtiendo en una alegoría. La semilla cobró el significado de la Palabra de Dios, mientras que las espinas, las piedras y el camino pasaron a significar las debilidades que encontramos en nuestra vida y los obstáculos que tenemos que vencer para recibir la Palabra de Dios. Aquellos que recibieron la Palabra de Dios son como la tierra buena que dio frutos incontables. Cada detalle de la historia tiene un significado y, con este cambio, la historia se convierte en una alegoría, en vez de ser una parábola estrictamente dicha.

Muchas parábolas se convirtieron en alegorías a medida que los discípulos interpretaban y predicaban la Buena Nueva. Cuando los evangelistas las usaban en sus escritos, muchas se habían transformado en alegorías, y así las incluyeron en sus escritos. Dado que las parábolas se predicaban individualmente o junto con otras, los primeros discípulos no las contextualizaban en sus circunstancias históricas. En las narraciones evangélicas, los evangelistas escogieron lugares apropiados para las parábolas.

Los milagros

Una persona con poderes milagrosos siempre atrae a multitudes que padecen enfermedades o dolencias y buscan la salud. Jesús atraía grandes multitudes cuando curaba a la gente de sus enfermedades. Sin duda, Jesús obraba milagros.

Los milagros que aparecen en los Evangelios provienen de las primeras comunidades después de la resurrección. Algunos se convirtieron en historias más elaboradas por el uso que los dieron los primeros discípulos. Bajo la guía del Espíritu Santo, la primera comunidad quería compartir el verdadero mensaje de Jesús, que Él era el Cristo, el Hijo de Dios. El propósito de los milagros era llamar la atención sobre su manifestación como Mesías. Los exegetas creen que Jesús obraba milagros pero no está claro que todos los milagros sucedieron como se narran en los Evangelios. Por el contrario, ninguno pone en duda los textos que transmiten estos milagros. Los milagros se predicaban de acuerdo con un formato específico. La primera parte describe la condición de la persona que se encuentra en necesidad. La persona está ciega, poseída por un espíritu, inválida, etc. La segunda parte cuenta cómo Jesús obra el milagro. Toca a la persona, expulsa a los espíritus, ora por ella o le habla de tal manera que la cura. La tercera parte muestra la reacción al mismo. La gente se queda sorprendida, confundida, comienza a creer o incluso piensan en matarle.

Historias sobre la vida de Jesús

Los primeros discípulos contaban cada relato de la vida de Jesús de modo independiente. Algunos redactores, años después, los reunieron en colecciones de relatos. Cuentan la infancia de Jesús, la elección de los apóstoles, las tentaciones de Jesús en el desierto y otros muchos hechos que formaban parte de la predicación de la Iglesia primitiva. Estas historias no tienen una determinada conclusión, aunque transmiten un mensaje sobre Jesús y las personas que lo rodeaban durante su ministerio. Los autores del Evangelio recurrieron también a estos relatos para redactar sus obras.

Crítica de las fuentes

Cuando alguien nos ofrece información nueva sobre un tema que conocemos bien, le preguntamos por las fuentes de esos datos. Si encontramos que es fiable aceptamos esa información sin cuestionarla.

La fuente original

Cuando hablamos de crítica de las fuentes nos referimos al deseo de llegar a la fuente original de la información, qué se dijo y cómo se dijo. En este trabajo, los exegetas han encontrado algunos problemas. Muchas fuentes empleadas en los Evangelios proceden de la predicación de las primeras comunidades. Parte de este material no se escribió hasta que aparecieron los Evangelios; más aún, muchas fuentes nunca se encontraron.

Entender el contenido exacto

Aunque ya hemos hablado de las múltiples formas de predicar el Evangelio de Jesús, solo podemos especular sobre el contenido exacto de sus fuentes. Nuestro trabajo se debe remontar al contexto de los Evangelios. Los exegetas estudiaron los Evangelios e intentaron aislar, por un lado, las formas originales y, por otro, la información contenida en ellos. Al hacer esto, hemos podido acercarnos más al mensaje que el autor quería transmitir.

Los Evangelios sinópticos

Cuando dos personas coinciden en algo, decimos que ven lo mismo. Esa es la traducción de la palabra "sinóptico". Viene del griego y significa "ver conjuntamente". Se aplica a los Evangelios de Marcos, Mateo y Lucas. Estos tres Evangelios tienen tantas semejanzas que parece que están viendo la vida y la obra de Jesús desde el mismo enfoque. En muchos puntos coinciden en las mismas palabras. "El problema sinóptico" surge cuando los estudiosos intentan entender por qué estos tres Evangelios tienen tanto en común y, sin embargo, guardan tantas diferencias.

Marcos como fuente

Si el Evangelio de Marcos se hubiera perdido lo hubiéramos podido reproducir desde los Evangelios de Mateo y de Lucas. Muchos estudiosos creen que el Evangelio de Marcos fue el que primero se escribió y los Evangelios de Mateo y Lucas emplearon el de Marcos como fuente. El autor del Evangelio de Mateo copió casi todo del Evangelio de Marcos, mientras que el autor del Evangelio de Lucas copió aproximadamente la mitad. A veces, copiaron un episodio del Evangelio de Marcos con pocas modificaciones. Otras veces adaptaron los pasajes para transmitir, cada uno, su mensaje correspondiente.

Las palabras de Jesús como fuente

Este no es el único aspecto del problema sinóptico. Además de aquellos pasajes en los cuales Mateo y Lucas emplean textos de Marcos, también hay pasajes en común cuyo referente no aparece en el Evangelio de Marcos. Esto significa que los autores del Evangelio de Mateo y Lucas no solo tenían a Marcos como fuente común, sino que también existió otra fuente desconocida para Marcos. La semejanza en el estilo y en el uso de palabras específicas indicaría que tienen una fuente en común exclusivamente accesible para ellos y que era una fuente escrita. Estos pasajes encontrados en los Evangelios de Mateo y Lucas son principalmente dichos de Jesús y parábolas. El título dado a esta fuente es "Q" que proviene de la primera letra de la palabra alemana "quelle" que significa "fuente". Aunque Marcos no tuvo conocimiento de esta fuente "Q", con mucha probabilidad precedió a los escritos de su Evangelio.

La fuente oral

Un tercer ingrediente del problema sinóptico es la forma en la que se encuentran los pasajes en los Evangelios de Mateo y Lucas, tomados estos dos por separado. Cada autor parece haber tenido una tercera fuente desconocida para el otro. Esta fuente pudo haber sido oral o escrita. Por simplicidad, los exegetas se refieren a la fuente del Evangelio de Mateo como la fuente "M", y a la fuente utilizada por Lucas como la fuente "L".

El problema sinóptico podría presentarse de la siguiente manera:

1. Marcos
2. Marcos+Q+M= Mateo
3. Marcos+Q+L=Lucas

El valor de las fuentes sinópticas

El estudio de los Evangelios sinópticos nos permite entender mejor los Evangelios de Mateo, Marcos y Lucas. La manera en que Mateo y Lucas usan sus fuentes comunes nos da una visión mucho más profunda del mensaje contenido en sus Evangelios. Podemos profundizar en sus enseñanzas mediante el estudio del uso que dan a sus fuentes y cómo las adaptaron a su mensaje. Como no tenemos una colección escrita de las fuentes empleadas por Marcos, no podemos comparar sus fuentes con la manera en que las empleó en su Evangelio.

En el caso de Juan, un Evangelio mucho más tardío, encontramos discursos de Jesús junto con narraciones que no aparecen en los Evangelios sinópticos. Aunque hay algunas semejanzas, el Evangelio de Juan hace uso de otras fuentes desconocidas para Mateo, Marcos o Lucas. Por esta razón, el Evangelio de Juan no se considera sinóptico.

Repaso

✠ ¿Qué queremos decir cuando empleamos la palabra "crítica"?

✠ ¿Qué queremos decir con los siguientes términos: máximas, dichos de Jesús, parábolas?

✠ ¿Qué significa "crítica de las fuentes"? ¿Cómo resolvemos el problema sinóptico con la crítica de las fuentes?

Reflexiones

✠ Cuando Moisés dice a los israelitas que graben las palabras de Dios en sus corazones, está hablando de las palabras de Dios que sirven como guía para la vida. ¿Cómo has grabado estas palabras en tu corazón?

✠ Las fuentes de los Evangelios las obtenemos investigando cómo se predicaba la Buena Nueva en la Iglesia primitiva. ¿Qué valor aporta el conocimiento de los distintos géneros literarios empleados en los Evangelios?

✠ El hecho de que los Evangelios de Mateo y Lucas emplearon a Marcos como fuente, nos ayuda a profundizar en el mensaje de estos Evangelios. ¿Qué valor espiritual ofrece el hecho de tener tres Evangelios que son parecidos en unos aspectos y diferentes en otros?

CAPÍTULO SEIS

Difundir la Buena Nueva

I. Entender a la persona de Jesús

Mediante el estudio de la historia, la cultura y los valores que rodean a las personas en una sociedad concreta, podemos hacernos una idea más adecuada del tipo de personas que vivían en esa sociedad. Jesús era un judío devoto, profundamente identificado con la historia religiosa de su pueblo y consciente de las exigencias que demandaba su fe. De niño, muy probablemente aprendió a los pies del rabino, creció en un profundo amor y reverencia por la Escritura, sintió la frustración ante la falta de la independencia política de su pueblo, cumplió regularmente con la adoración en la sinagoga y deseó visitar la Ciudad Santa de Jerusalén y el Templo. Como adulto, Jesús desafió muchas maneras de pensar, que no concordaban con su comprensión de la Biblia.

Si hubiéramos vivido en un pueblo cercano a Nazaret, quizá no habríamos escuchado nada sobre el joven Jesús. Si como niños hubiéramos jugado con Él, quizá no habríamos encontrado nada diferente en Jesús. De pequeño no fue un niño que convirtiese pajarillos de barro en pájaros vivos. Vivió una vida normal como cualquier otro niño. Como bebé lloraba cuando tenía hambre. Puede que no haya sido el mejor deportista de Nazaret. Sus conciudadanos se habían familiarizado tanto con el Jesús ordinario que no aceptaron como la llegada de alguien especial su regreso a Nazaret, durante su ministerio público. De hecho creían que le conocían: "¿No es este el carpintero, el hijo de María, el hermano de Santiago y José, Judas y Simón? ¿No viven aquí, entre nosotros, sus hermanas? Y esto era para ellos un obstáculo" (Mc 6:3). Más tarde Jesús enseñó que nunca se honra a los profetas en su propia familia, entre aquellos que creen conocerlos. Igual que pasó a muchos profetas, los que convivieron con ellos no los veían como personas distintas. Como pensaban que le conocían, perdieron la oportunidad de conocer y amar al hijo de Dios hecho hombre.

El Hijo del Hombre

Entre los títulos referidos a Jesús en el Nuevo Testamento, llama la atención el de "Hijo del Hombre". El título se usa muchas veces y de muchas maneras en el Evangelio. Muchos exegetas creen que Jesús empleaba este término al hablar de sí mismo. Incluso si esto fuera verdad, debemos considerar que los autores del Evangelio también emplean el título en momentos y lugares donde Jesús difícilmente lo habría usado. Al leer los Evangelios, debemos intentar entender algunos de los usos dados a este título. Referido a Jesús, puede tener estos significados:

Hijo de Adán: el título se empleaba cuando una persona quería evitar el uso del pronombre "yo". Con esto, se expresaba de una manera que no parecía orgullosa o vanidosa al hablar de uno mismo. Jesús empleó este título para referirse a su condición humana. Así lo vemos, por ejemplo, cuando dice que "el Hijo del Hombre no tiene dónde recostar la cabeza" (Mt 8:20). En el libro de Ezequiel se habla del profeta como "hijo de hombre": "–Hijo de hombre, ponte de pie, que voy a hablarte" (Ez 2:1).

Mesías: Jesús es el Mesías que trae el mensaje de la salvación al pueblo. En la parábola del sembrador que salió a echar la semilla, Jesús llama al sembrador "Hijo del Hombre", o sea, el que siembra la palabra (Mt 13:37). El poder divino del Hijo del Hombre se muestra en que Jesús perdona los pecados, pues este poder solo pertenece a Dios. Cuando cura al paralítico se dirige a los escribas incrédulos y les dice por qué lo hace: " Pero para que sepan que el Hijo del Hombre tiene autoridad en la tierra para perdonar pecados" (Mc 2:10).

Siervo Doliente: el título hace referencia al sufrimiento y a la muerte de Jesús. El uso de "Hijo del Hombre" como Siervo Doliente parece venir de Jesús mismo. Igual que el Siervo Doliente del Antiguo Testamento tiene que sufrir por el bien de todos, también Jesús, el hijo doliente del Hombre, sufre y muere por todos. De esta manera, une el título de "Hijo del Hombre" con la imagen del Siervo Doliente. Leemos las palabras de Jesús en el Evangelio " Y empezó a explicarles que el Hijo del Hombre tenía que padecer mucho, ser rechazado por los ancianos, los sumos sacerdotes y los letrados, sufrir la muerte y después de tres días resucitar" (Mc 8:31).

El rey escatológico

Daniel, profeta del Antiguo Testamento, habló de "uno como Hijo del Hombre" que venía sobre las nubes ante el "anciano" de quien recibe "poder real y dominio" (Dn 7:13-14). Es una imagen de Israel que Daniel presentó bajo apariencia de persona. Los Evangelios muestran a Jesús como Nuevo Israel e Hijo del Hombre que envía sus ángeles " que recogerán de su reino todos los escándalos y los malhechores " (Mt 13:41). Afirma que Jesús se atribuye el título de rey escatológico al atribuirse el título de Hijo del Hombre. Parece más bien que la Iglesia primitiva, a la luz de la Resurrección, fue quien entendió a Jesús como el rey escatológico.

Entender el uso del título

Aunque podemos entender el título "Hijo del Hombre", parece que estas divisiones hacen más complicado el tema. Jesús pudo haberse llamado a sí mismo "Hijo del Hombre" con un único significado, pero el título pudo haber tomado otro significado al redactar los Evangelios. Para entenderlo bien, debemos prestar atención a su uso en el contexto del pasaje evangélico. El mensaje que los autores querían transmitir, movidos por el Espíritu Santo, lo obtendremos al leer y reflexionar el texto.

El Reino de Dios

En los Estados Unidos, no es fácil entender la idea de reino. Si nos fijamos en Inglaterra, por ejemplo, descubrimos el papel central que han jugado sus reyes en la herencia cultural de aquel país. Actualmente no tienen el poder que tuvieron, pero siguen siendo importantes para el pueblo y para el país. Los ingleses, y personas de otros países europeos, han tenido reyes poderosos y dignos de respeto. En los Estados Unidos, conocemos el significado de "reino", pero no tenemos el entusiasmo que muestran otros países en favor de su herencia real.

El Nuevo Testamento habla mucho más del Reino de Dios que el Antiguo Testamento. Para aquellos que no tienen tanta familiaridad con la idea de reino, "Reino de Dios" puede resultar un término poco importante. Jesús habló del Reino de Dios como tema central de su mensaje y por esta razón debemos buscar entender su significado y comprender su desarrollo a través de la historia del pueblo de Dios y de los primeros cristianos. Igual que nuestra respuesta emocional a la palabra "reino" es distinta de la que experimentan los ingleses, así también nuestro entendimiento del Reino es muy diferente al de las personas que vivían en tiempos de Jesús.

El Reino en el Antiguo Testamento

Desde Abrahán hasta Moisés, no existió la idea de reino para la familia de Abrahán. Los israelitas veían a Dios como un verdadero Dios que los gobernaba y protegía, pero no lo consideraban como un rey. Cuando el pueblo elegido se estableció en la Tierra Prometida, volvió a emerger la idea de un reino gobernado por Dios. El Reino de Dios era el reino de Israel.

Los israelitas querían tener un rey, igual que las naciones vecinas. Al inicio, el profeta Samuel, hablando en nombre de Dios, se resistió a esta petición de un rey, temiendo que el pueblo pusiera más confianza en un rey terreno que en Dios, el verdadero Rey de Israel. Cuando Dios accedió a la petición de un rey humano, la autoridad reposaba sobre el dominio del único y verdadero Dios; por otra parte, los profetas, en nombre de Yavé, ungían a los reyes. De este modo, mostraban que el poder de los reyes venía de Dios. Aunque estos hombres gobernaban como reyes de Israel, debían permanecer leales al único Rey.

No todos los reyes de Israel fueron fieles a Dios y algunos comenzaron a adorar a falsos dioses construyendo altares paganos. Los profetas enviados por Dios procuraron que los reyes volvieran al verdadero Rey de Israel, a riesgo de padecer verdaderos desastres. Algunos se arrepintieron, otros rechazaron la alianza con Dios. El rey más famoso fue David. No pasó a la historia por tener el reino más grande en términos políticos o económicos, pero las siguientes generaciones le tuvieron en gran estima. De su descendencia nacería el nuevo Rey que salvaría al pueblo.

Cuando los reyes de los reinos del Norte y del Sur abandonaban la promesa de servir al único y verdadero Dios, sus reinos se derrumbaban. Con la cautividad de Babilonia, el último rey en la línea sucesoria desapareció y el pueblo comenzó a esperar un Salvador que vendría de la familia de David. Creían que este salvador sería un jefe militar que, con el tiempo, haría de Israel una nación libre.

Algunos profetas tenían su mirada fija en los últimos días, cuando se restablecería el Reino de Dios. A este periodo se le conoce como "reino escatológico", término que viene del griego y significa "final de los tiempos". El profeta Daniel habló de este reino escatológico que llegaría al final de los tiempos, no solo para el pueblo de Israel sino también para todas las naciones. Este reino reconocerá que el poder de Dios se extiende por todo el mundo.

El Reino de Dios en el Nuevo Testamento

Cuando Jesús empleó el término "Reino de Dios", no presentaba ninguna idea nueva. Usaba un término familiar para los judíos de su tiempo. El Reino de Dios es el mensaje central de las enseñanzas de Jesús. Él vino a predicar la Buena Nueva del Reino y a proclamar que el Reino de Dios estaba cerca.

Los milagros son un signo de que el Reino de Dios había llegado y sus parábolas ilustraban diversos aspectos de ese Reino. Cuando hablamos del Reino de Dios, no debemos pensar en un reino político, que existe en un tiempo y en un espacio determinado. Jesús habla de un reino diferente, espiritual, que no es de este mundo. Durante su vida, corrigió continuamente a aquellos que buscaban un reino político y esperaban un mesías rey guerrero que trajese un nuevo reino.

En la predicación de Jesús, percibimos una tensión entre el Reino que está cerca y el Reino que ha de venir. Muchos estudiosos creen que Jesús se refería al Reino que existe ahora y alcanzará su perfección cuando llegue el final de los tiempos. El Reino de Dios que existe ahora es la presencia de Jesús en medio de la Creación. Con el nacimiento de Jesús, esta presencia irrumpió en la Creación para extender este Reino. Con su muerte, resurrección y ascensión, el Reino de Jesús nos toca a cada persona con sus dones, sobre todo con los dones del Bautismo y la Eucaristía, que brotan de esos grandes misterios. Al compartir esos dones, compartimos la realidad presente del Reino de Dios entre nosotros.

Al final de los tiempos, cuando la Creación alcance su cumplimiento, Jesús presentará este Reino glorioso y perfecto a Dios, el Creador. Por esto el Reino de Dios es presente y futuro. Aunque el término que se suele usar en la Escritura es "Reino de Dios", Mateo emplea Reino de los Cielos para expresar la misma realidad. El autor del Evangelio de Mateo era un escriba judeocristiano, criado por un judío piadoso y no se sentía con la entera libertad para usar el nombre de Dios.

El Jesús histórico

La reflexión en la fe llevada a cabo por la comunidad cristiana nos ofrece una imagen de Jesús que va más allá de lo que los hombres pueden ver. Sabemos que "la Palabra se hizo carne y habitó entre nosotros", pero ¿qué significa esto? A medida que nos adentramos en la humanidad de Jesús, debemos tener presente que Él era completamente Dios y, a la vez, completamente hombre. No se deben perder de vista ninguna de las dos naturalezas.

La humanidad de Jesús en las cartas del Nuevo Testamento

En las cartas del Nuevo Testamento encontramos expresiones que muestran claramente la condición humana de Jesús. En la carta a los Hebreos, el autor escribe que Jesús "ha sido probado en todo excepto el pecado" (Heb 4:15). Esto indica que Jesús fue como nosotros en todo, excepto en el pecado. No significa que no podía pecar; significa que no pecó. La parte principal de esta cita dice que Jesús fue tentado como nosotros, es decir, que había tomado nuestra condición humana plenamente, que experimentó la debilidad humana y la tentación, igual que nosotros.

En otra carta del Nuevo Testamento, dirigida a los filipenses, el autor dice que Jesús "se vació de sí" y se hizo uno con nosotros (cf. Flp 2:7). Tomó sobre Él nuestra condición humana. El término empleado en griego apunta a una condición humana débil, ignorante; que todos tenemos en común. De acuerdo con este antiguo himno, Jesús se vació a sí mismo de sus poderes divinos, tomó sobre sí esa inseguridad debilitada, ignorante y en lucha continua. A pesar de que era Dios, aceptó su condición humana, tan semejante a la nuestra que muchas de sus acciones fueron condicionadas por su humanidad. La imagen humana de Jesús que encontramos en este antiguo himno no coincide con la imagen de Jesús que se encuentra en muchos libros que hablan de su vida.

El himno de la Carta a los Filipenses (Flp 2:9 -11) nos habla de que, por la obediencia de Jesús hasta la muerte, Dios lo exaltó. Después de su resurrección y ascensión todos doblarán la rodilla ante Jesús y proclamarán que Él es "Señor", proclamando así su divinidad. Y en efecto, la Iglesia primitiva le invoca con ese título.

El relato de los Evangelios

Los Evangelios describen los rasgos humanos de Jesús, rasgos que, muy a menudo, pasamos por alto. En el Evangelio de Lucas (2:52) leemos que Jesús creció en sabiduría, edad y gracia ante Dios y ante los hombres. Algunos interpretan esta frase explicando que Jesús lo sabía todo, pero que no había obtenido conocimiento experimental del mundo. Dicho de otro modo, aunque conocía todo, tenía que ejercitarse para obtener otro tipo de conocimiento. De esta manera, los autores intentan preservar la idea del conocimiento total de Jesucristo mientras que, a la vez, respetan el hecho de que era hombre. Si aceptamos a Jesús como plenamente hombre, tal como leemos en la carta a los Filipenses, no necesitamos interpretar este texto de Lucas. Jesús aprendió, aunque gozaba de una total apertura a la palabra de Dios y tenía un conocimiento mucho mayor de la Escritura.

El Evangelio también retrata a Jesús como una persona que se cansa, duerme, llora, come, se enfada, comparte su frustración, muestra su compasión, mira a las personas con amor, se angustia y sufre pena y abandono. Todas estas son acciones humanas. Si Jesús hubiese vivido continuamente en la visión celestial de Dios, no habría experimentado estas situaciones humanas. El dolor que sintió hubiera sido superado por el gozo de la visión. Si hubiera tenido una visión continua de Dios, no habría padecido. La visión beatífica, como se llama a esta visión, es tan poderosa que supera todo sentimiento de dolor.

Jesús también mostró su ignorancia en algunas ocasiones. Dijo a sus discípulos que Él no sabía cuándo llegaría el fin del mundo, solo el Padre conocía el momento. Dios conoce todas las cosas, y dado que Jesús es Dios también debería conocerlo. Pero Jesús "se vació a sí mismo" de este poder de saberlo todo y tomó sobre sí mismo la ignorancia de la familia humana.

Al presentar a Jesús bajo esta luz tan humana se plantea la siguiente cuestión: ¿Sabía que Él era Dios? No podemos responder plenamente esta pregunta, pues es imposible entrar en la mente de Jesús. Podemos afirmar, sin embargo, que Jesús, con la mente humana, fruto de su condición humana, conocía a Dios de una manera limitada. El conocimiento que tenía de Dios Padre y de la Escritura sobrepasa nuestro conocimiento y nuestra comprensión de Dios, no porque Él tuviese un conocimiento divino, sino porque estaba más abierto al mensaje y al Espíritu de Dios. Como dice la Escritura, Jesús fue tentado de la misma manera que nosotros, pero Él no pecó. Nos falta esa apertura completa al Espíritu de Dios que hay en Jesús.

Repaso

- ✠ ¿Cuáles son los usos de la expresión "Hijo de Hombre" que se encuentran en los Evangelios?

- ✠ ¿Qué queremos decir con la expresión "Reino de Dios" tal y como se encuentra en la Biblia?

- ✠ ¿Qué nos dice la cita de Hebreos 4:15 sobre Jesús?

- ✠ ¿Qué nos dice la cita de Filipenses (2:7-11) sobre Jesús?

- ✠ Cita algunos rasgos humanos de Jesús que encontramos en el Evangelio.

Reflexiones

- ✠ El Reino de Dios era central en la predicación de Jesús. ¿Cómo entiendes tú la idea del Reino de Dios?

- ✠ La dificultad de entender el uso de la expresión "Hijo del Hombre" es que se emplea de distintas maneras en el Nuevo Testamento. En tu relación con Jesús, ¿qué imagen te resulta más hermosa?

- ✠ Jesús se hizo plenamente humano por nuestro bien. ¿Qué representa para ti, en tu vida diaria, la imagen humana de Jesús que hemos presentado en esta sección?

II. LOS PUNTOS ESENCIALES DE LA VIDA DE JESÚS

Jesús es nuestro Eterno y Sumo Sacerdote. Sin embargo se hizo débil para manifestar su gran amor por nosotros. La carta a los Hebreos dice: " El sumo sacerdote que tenemos no es insensible a nuestra debilidad, ya que, como nosotros, ha sido probado en todo excepto el pecado" (Heb 4:15). Mira cuánto nos ama Dios.

El gran amor de Dios

Para muchos, la idea de que Jesús "se vació a sí mismo" para hacerse plenamente hombre, resulta difícil de aceptar, sobre todo porque significa que Jesús carecía de pleno conocimiento de sí como Dios. Aquellos que aceptan los Evangelios como biografías de Jesús, tienen la imagen de una persona fuerte y segura de sí misma, que podía realizar milagros en cualquier momento. Pensar de otra manera nos mostraría a un Jesús débil, difícil de aceptar.

Desde otro ángulo, un Jesús que se vacía a sí mismo para aceptar la condición humana supone un amor mucho más grande de parte de Dios, mayor de lo que podríamos imaginar. Hacerse hombre y a la vez retener el poder divino le aseguraría un refugio contra las debilidades de la condición humana. Pero hacerse hombre sin conservar ese poder le pone a merced de la condición humana. Aceptar todas las debilidades del ser humano es, con mucho, un sacrificio más grande y, por lo tanto, un mayor acto de amor. Al decir esto, más que menospreciar a Jesús le estamos poniendo en medio de nuestra familia humana. Incluyendo todas las debilidades propias de la naturaleza humana, estamos diciendo mucho más sobre su amor por nosotros.

Desarrollo de los estudios de la Biblia

En los estudios sobre Sagrada Escritura y Teología, a veces los estudiosos han hablado de ciertos temas durante mucho tiempo. Sin embargo, el estudio de las debilidades de la humanidad de Jesús no es algo muy estudiado. Comenzó a hablarse de este tema a inicios del siglo XX, con opiniones a favor y en contra.

En el siglo XIX aparecieron muchos libros que trataban sobre la vida de Jesús. Opinaban que se podían reunir suficientes datos de los Evangelios como para escribir una biografía detallada de Jesús. Los escritores de estos libros cometen el error no solo de tomar los Evangelios como biografías, sino también de añadirles sus propios puntos de vista. Algunos, interesados en temas morales, ven en Jesús un gran moralista, otros, interesados en luchar contra la pobreza, le ven como un gran defensor de los pobres. Los condicionamientos particulares de un escritor influyen en los libros hasta tal punto que pueden surgir diferentes imágenes de Jesús. Y otros, finalmente, lo pintan como Dios caminando en esta tierra con un disfraz humano, como si fuera un Dios que simplemente parece hombre. Esto es una herejía.

Fruto de estas ideas, pensaban que los Evangelios eran una reflexión de fe de la primera comunidad cristiana sobre la vida de Jesús. Estos escritores afirman, sin embargo, que la vida de Jesús que aparece en los Evangelios tiene poco o nulo fundamento histórico. La Iglesia primitiva inventó los hechos de la vida de Jesús para ilustrar la nueva vida que nos trajo. Tal idea hace de Jesús una creación de la imaginación de un grupo de personas y nos deja con muy poco que imitar de su vida. La predicación valiente de los que creen en la resurrección de Cristo no tendría sentido si no hubiera vivido como nos dice el Nuevo Testamento. La Iglesia pronto rechazó esta idea.

Como ya expusimos antes, los Evangelios son el resultado de las reflexiones de fe de la Iglesia primitiva pero estas reflexiones se basan en hechos y dichos de la vida de Jesús así como en el cuerpo total de la Escritura. Los evangelistas estaban profundamente influidos por la resurrección de Jesús y las condiciones de la Iglesia durante el primer siglo. Cuando Jesús resucitó de entre los muertos, invitó a sus discípulos a tocar la señal de los clavos en sus manos y la herida del costado.

La vida de Jesús

Aunque aceptemos el mensaje de Jesús tal como se muestra en los Evangelios, libros inspirados por Dios y dados para nuestra salvación, tenemos curiosidad por conocer mejor la humanidad de su persona. Estudiando e investigando los textos, podemos elaborar una composición de la vida del Jesús histórico, o sea, un conjunto de hechos y mensajes que encuentran su fundamento en el ministerio de la vida de Jesús.

Jesús existió

No hay duda de que Jesús existió. Un historiador judío, Josefo, muerto alrededor del año 100 d.C., describe la muerte de Jesús. Lo identifica como un hombre sabio, si se le puede llamar hombre, que realizó muchas obras buenas. Escribe que Pilato lo crucificó y al tercer día apareció vivo entre aquellos que lo habían recibido con amor. Otro historiador, Tácito, escribe alrededor del año 116 d.C., que Nerón había dictaminado persecución y castigos para los cristianos, cuyo nombre derivaba de la palabra Cristo, líder del grupo, quien había sido sentenciado a muerte por el procurador Poncio Pilato. Mucha información sobre Jesús procede de los Evangelios y algunos datos nos ofrecen garantía suficiente para encuadrar históricamente su vida.

Jesús vivió en Belén, Nazaret y Cafarnaún

En la Iglesia primitiva se afirmaba que Jesús había nacido en Belén, la ciudad natal de su ancestro David. Los cuatro Evangelios dicen que Jesús vivió sus primeros años en Nazaret. Según el Evangelio de Lucas, María y José vivieron en Nazaret y tuvieron que viajar a Belén por el censo, mientras que Mateo ubica a María y José en Belén cuando nació Jesús. Solo después, tras su regreso de Egipto, Mateo menciona que se estableció en Nazaret (Mt 4:13). Más tarde, ya adulto "Jesús dejó Nazaret y se fue a Cafarnaún, en la ribera del mar". Parece que Jesús usaba Cafarnaún como base durante su ministerio.

Juan el Bautista bautizó a Jesús

Jesús comenzó su ministerio después del encarcelamiento de Juan Bautista; pudo haber visto en ello un anticipo de su propio destino. Juan desafió a los jefes religiosos y políticos de su tiempo; Jesús tampoco titubeaba en desafiar a los líderes religiosos. Debía haberse imaginado que ponía su vida en peligro.

En el período de la Iglesia primitiva, cuando los discípulos predicaban que Jesús era el Mesías, un grupo de seguidores del Bautista creía que Juan era más grande que Jesús porque lo había bautizado. Este conflicto se acentuaba con la confirmación de que Juan bautizó a Jesús, pues los evangelistas y los primeros discípulos no inventaron tal historia.

Jesús predicó sobre el Reino de Dios

El tema central de la predicación de Jesús fue la nueva época que estaba a punto de comenzar. A lo largo del Antiguo Testamento, el pueblo elegido soñaba con esta nueva época. No se trataba de una nueva proclamación, aunque Jesús había anunciado que estaba cerca. La presencia del Reino de Dios fue el mensaje central de esta nueva época y de la predicación de Jesús; habló del Reino de Dios a través de parábolas, lo cual no solo describía la aparición del Reino sino que identificaba su progresivo crecimiento. Un comienzo frecuente de las parábolas de Jesús es "el Reino de los Cielos se parece a..."

Jesús escogió a doce Apóstoles

Jesús escogió a doce de sus discípulos para ser Apóstoles y para que vivieran con Él como compañeros y seguidores. Estos hombres no eligieron a Jesús, como otros judíos escogían seguir a algún rabino. Él los escogió y ellos respondieron a su llamado. Los cuatro Evangelios hablan de los doce Apóstoles. Eran conocidos como "los doce", alusión a las doce tribus de Israel en el Antiguo Testamento. La tragedia de la vida de Jesús fue que uno de los más cercanos lo traicionó. Cuando Judas traicionó a Jesús, perdió su puesto entre los doce y los Apóstoles tuvieron que escoger a alguien para reemplazarlo (Hch 1:21 -26). Dado que los cristianos creen en la resurrección, no había necesidad de reemplazar a un Apóstol cuando moría, pues seguía conservando su puesto entre los doce.

Jesús desafió a los jefes religiosos

Jesús desafió las interpretaciones de la ley dadas por los jefes religiosos de entonces. Entra en discusiones con ellos por la interpretación de la ley del sábado y otras que contradecían la ley de Moisés. Jesús enseñó con una autoridad distinta a la de los rabinos de su tiempo. Mientras otros citaban a rabinos renombrados de entonces o de épocas pasadas, Jesús hablaba con su propia autoridad, sin hacer alusiones a aquellos. El pueblo veía sus enseñanzas y sus milagros como una forma de predicar con autoridad. Jesús enseñaba con su propia interpretación de la ley, lo cual sorprendía a las muchedumbres y molestaba a los jefes religiosos del momento. Desafió especialmente a los jefes por poner sus leyes y tradiciones antes de la ley dada por Dios.

Jesús hacía milagros

La tradición de que Jesús hacía milagros y exorcismos es demasiado fuerte como para negarla. Jesús realizó curaciones y se le conoce por expulsar espíritus malignos que causaban enfermedades. Las multitudes seguían a Jesús buscando la curación que procedía de Él. Los jefes religiosos no negaban que Jesús expulsara a los demonios, sino que minaban su autoridad arguyendo que sus poderes venían del príncipe de los demonios. Jesús señaló lo insensato de tal acusación. Ningún reino dividido puede sobrevivir.

Jesús predicó por toda Palestina

Jesús viajaba por toda Palestina, predicando la Buena Nueva del Reino, curando, expulsando demonios. Su pequeño grupo de discípulos le acompañaba en aquellos viajes. Desconocemos cuántas veces visitó Jerusalén, aunque sabemos que ahí fue condenado a muerte. Como los profetas del pasado, Jesús subió a la Ciudad Santa de Jerusalén convencido de que los jefes religiosos lo odiaban tanto que buscarían la forma de matarlo. Era consciente del peligro que corría en su última visita a Jerusalén. De hecho, sus discípulos estaban desconcertados cuando anunció que quería ir a Jerusalén.

Jesús padeció en su pasión

Algunos hechos de la pasión de Jesús muestran signos humanos de su debilidad, que los evangelistas hubieran preferido omitir. Después de celebrar la Última Cena con sus discípulos, Jesús fue al Huerto de los Olivos donde agonizó viendo su muerte inminente. El miedo de Jesús causa vergüenza a los evangelistas. Aunque la debilidad está ahí, los autores la rodearon con manifestaciones de poder como si Jesús fuera completamente dueño de la situación. La negación de Pedro avergonzó a Mateo, por ejemplo, que siempre presenta al jefe de los Apóstoles con un trazo mucho más amable. El abandono de los discípulos de Jesús en el momento de su entrega también fue signo de su debilidad, y no aparecería en los Evangelios si no hubiese sido cierto. En esa época, todos sabían que la crucifixión era una forma común de tortura para los criminales.

Jesús, el rey de los judíos

Judas, uno de los doce, entregó a Jesús a los jefes religiosos, que se habían reunido aquella noche para juzgar al Maestro. Para que la reunión fuese legal, deberían haber esperado a que se reuniese dicha asamblea durante el día. Los jefes religiosos entregaron a Jesús a las autoridades romanas para crucificarlo. El título de "rey de los judíos", dado a Jesús durante el juicio, representaba la acusación principal ante Pilato, procurador de Judea. Esta acusación convertía a Jesús en culpable de muerte como cabeza de una rebelión contra Roma. Debemos evitar culpar a los judíos como nación de la muerte de Jesús; los pecados contra Jesús en aquel momento de su pasión y muerte son solo de aquellos que los cometieron.

Los soldados romanos crucificaron a Jesús

Jesús fue crucificado a manos de los romanos y murió antes de que los soldados tomaran la dolorosa medida de romperle las piernas. Cuando alguien era crucificado debía impulsarse hacia arriba para respirar. La costumbre de romper las piernas del reo tenía por objetivo provocar rápidamente su muerte. Jesús ya estaba muerto cuando los soldados iban a romperle las piernas. Un discípulo secreto de Jesús pidió permiso para enterrar su cuerpo, lo cual debía hacerse antes de que empezase el sábado. El Evangelio nos dice que algunas mujeres que habían seguido a Jesús observaban dónde se le enterraba, pues la zona tenía muchas cuevas para enterramientos y estaban sin señalar.

Jesús resucitó de entre los muertos

Los Evangelios dicen que Jesús resucitó de entre los muertos al tercer día. Las narraciones que cuentan la reacción de los seguidores de Jesús muestran que el hecho de la resurrección tuvo un fuerte impacto en sus vidas. Animados por la resurrección de Jesús, los discípulos no temieron por sus vidas; al contrario, se lanzaron valientemente a predicar el Evangelio de Jesús a todas las naciones. La primera carta a los Corintios (15:6) dice que se apareció resucitado a más de quinientos discípulos.

Al final del Evangelio de Juan podemos leer "Quedan otras muchas cosas que hizo Jesús. Si quisiéramos escribirlas una por una, pienso que los libros escritos no cabrían en el mundo" (Jn 21:25). Tenemos el privilegio de conocer el plan de Dios para toda la Creación y de amar la Palabra de Dios. No necesitamos más libros inspirados que aquellos contenidos en la Biblia. Como dice el Papa Benedicto XVI: "El Nuevo Testamento contiene la clave para conocer el Antiguo Testamento ya que toda la Biblia nos conduce a Cristo".

Repaso

- ✠ ¿Qué nos enseña la humanidad de Jesús sobre el amor de Dios por nosotros?
- ✠ Explica algunos progresos en tu comprensión del mensaje del Evangelio.
- ✠ ¿Qué ejemplos podemos encontrar para la vida histórica de Jesús?

Reflexiones

- ✠ Jesús se hizo débil por nosotros; sin embargo, no dejó de ser Dios. ¿Qué te viene a la mente al pensar que Jesús se ha hecho un hombre débil?
- ✠ Los hechos de la vida de Jesús nos cuentan mucho del amor de Dios por nosotros. ¿Qué hechos te parecen más significativos? ¿Qué te mueve a imitarlo?

www.ingramcontent.com/pod-product-compliance
Lightning Source LLC
LaVergne TN
LVHW052034080426
835513LV00018B/2310